Z.22Z¹
E. 8

BIBLIOTHEQUE
UNIVERSELLE
DES DAMES.
Première Classe:
VOYAGES.

Il paroît tous les mois deux Volumes de cette Bibliothèque. On les délivre soit brochés, soit reliés en veau fauve ou écaillé, & dorés sur tranche, ainsi qu'avec ou sans le nom de chaque Souscripteur imprimé au frontispice de chaque volume.

La souscription pour les 24 vol. reliés est de 72 liv., & de 54 liv. pour les volumes brochés.

Les Souscripteurs de Province, auxquels on ne peut les envoyer par la poste que brochés, payeront de plus 7 liv. 4 f. à cause des frais de poste.

Il faut s'adresser à M. CUCHET, Libraire; *rue & hôtel Serpente, à Paris.*

BIBLIOTHEQUE

UNIVERSELLE

DES DAMES.

VOYAGES.

TOME HUITIÈME.

A PARIS,

RUE ET HÔTEL SERPENTE.

Avec Approbation & Privilége du Roi.

1787.

BIBLIOTHEQUE
UNIVERSELLE
DES DAMES.
VOYAGES.
LETTRE LXVIII.

De Jafnapatan.

Dans ma dernière lettre, je vous avois annoncé, Madame, que j'allois entrer dans l'Inde ; mais je crois aussi vous avoir observé qu'un voyageur est un homme qui dépend des circonstances ; en effet, je n'ai pu me refuser à la facilité de visiter les îles qui se trouvent dans la grande mer des Indes.

J'ai profité de la commodité d'un vaisseau hollandois qui m'a conduit dans celle de Ceylan, où je suis depuis quelque temps, & sur laquelle j'ai pris des renseignemens dont je m'empresse de vous faire part.

Cette île est située entre le cinquième & le dixième degré de latitude nord; elle a cent lieues de long, & cinquante dans sa plus grande largeur; sa figure est à-peu-près celle d'une poire. Elle fut connue des anciens, sous le nom de Taprobane. Le détail des révolutions qu'elle doit avoir éprouvées n'est point parvenu jusqu'à nous. Tout ce que l'histoire nous apprend de remarquable, c'est que les loix y furent autrefois si respectées, que le monarque n'étoit pas plus dispensé de leur observation que le dernier des citoyens. S'il les violoit, il étoit condamné à la mort, mais avec cette distinction, qu'on lui épargnoit les humiliations du supplice. Tout commerce, toute consolation, tous les secours de la vie lui étoient refusés ; & il finissoit misérablement ses jours dans cette espèce d'excommunication.

Vous voyez par-là, que ces peuples étoient bien loin de penser que le monarque fût au-dessus de la loi ; ils regardoient au contraire la Loi comme un souverain perpétuel & indestructible auquel ils devoient tous être soumis sans acception de personne : il suffit de ce trait pour nous donner une grande idée de leur sagesse & de leurs lumières. Vous en serez encore mieux persuadée quand vous saurez que chez eux la couronne étoit élective, & qu'on ne l'obtenoit qu'à un âge avancé sur le témoignage universel d'une douceur & d'une probité singulière. Le Prince ne devoit point avoir d'enfans; & s'il lui en survenoit après son élection, il étoit obligé de se démettre de sa puissance entre les mains du peuple, de peur qu'elle ne devînt héréditaire. Il n'étoit permis à personne d'avoir des esclaves ou des domestiques, chacun devoit se servir soi-même; les choses ont bien changé depuis, & cette île jadis si fortunée a subi le joug du despotisme, sous lequel gémissent presque toutes les nations de l'Asie.

Les Portugais ont possédé autrefois une partie de ses côtes, d'où ils faisoient des incursions jusqu'à la capitale qu'ils brûlèrent plus d'une fois sans épargner le palais du Roi, ni les temples. Ils s'y étoient rendus si formidables qu'ils avoient forcé le Roi de leur payer un tribut annuel de trois éléphans, & d'acheter la paix à d'autres conditions humiliantes. Ce Prince eut enfin recours aux Hollandois de Batavia, qui ayant joint leurs armes aux siennes, battirent les Portugais, & les chassèrent de tous les lieux où ils s'étoient fortifiés ; mais ce fut pour s'établir à leur place. Ils refusèrent après la guerre, fur-tout après s'être rendus maîtres de Colombo en 1655, d'abandonner une conquête dont ils se voyoient en possession ; & depuis ce temps-là, ils ont apporté tous leurs soins à se fortifier sur les côtes. Leurs principaux établissemens sont *Jafnapatan*, & *l'île de Manaar* au nord, *Trinquemale* & *Batticalon* à l'est ; la ville de *Point-de-Galle* au sud, & *Colombo* à l'ouest, sans parler de Negombo & Colpentine, qui sont deux autres villes, & de plusieurs ports à l'embouchure des rivières, ou dans les ouvertures des montagnes pour garder les passages.

L'intérieur de l'île est soumis à un seul Souverain, qui porte le titre de Roi de *Candy* ou *Candinda*. Les habitans se nomment *Chingulais*. Le pays est arrosé d'un grand nombre de belles rivières qui tombent des montagnes. La plupart sont trop remplies de rochers pour être navigables; mais il s'y trouve du poisson en abondance.

Le royaume de *Candinda* est défendu naturellement par sa situation. Dès l'entrée on va presque toujours en montant, & l'accès des montagnes n'est ouvert que par de petits sentiers, où deux hommes ne passeroient pas de front. Elles sont entrecoupées de grands rochers, qui font trouver beaucoup de difficultés pour parvenir au sommet, & chaque ouverture est munie d'une forte barrière d'épines, avec quelques gardes qui veillent continuellement au passage.

Ces barrières sont redoublées à l'approche de la guerre, non-seulement à l'entrée des montagnes, mais dans toutes les villes, les villages & les chemins de traverse ; elles sont composées d'une espèce d'arbrisseau, dont les branches garnies d'épines & longues de trois ou quatre pouces sont aussi fortes que des clous de fer : ces branches courbées l'une près de l'autre, & liées à trois ou quatre pieux, sont si bien ajustées qu'on peut les baisser ou les hausser pour passer par-dessus. On fait une garde fort exacte sur tous les chemins qui conduisent à la Cour; il n'y passe personne sans un sceau que l'on reçoit des Officiers établis pour cette distribution: ces sceaux sont différens, suivant la qualité ou la profession de ceux qui les demandent. Celui d'un soldat représente un homme armé; pour un laboureur, c'est la figure d'une personne qui porte deux sacs attachés aux deux extrêmités d'un bâton. Comme Européen, on me donna pour passeport le portrait d'un homme qui avoit l'épée au côté, & le chapeau sur la tête.

Les villes que les Hollandois occupent sur les côtes n'ont rien qui les distingue de leurs autres établissemens de l'Inde, Colombo, l'ancienne capitale des Portugais, tient encore aujourd'hui le premier rang parmi les colonies hollandoises de cette île. Elle est bâtie au fond d'une baie qui offre un port commode ; les Hollandois ont resserré son enceinte, & augmenté ses fortifications. Le palais du Gouverneur est un grand & bel édifice ; l'arsenal & ses magasins sont des bâtimens remarquables. Comme c'est ici le principal comptoir de la compagnie, le Gouverneur-général & le Conseil souverain y font leur résidence. Il y a dans les autres villes des magasins pour les marchandises qu'ils tirent du centre de l'île & qu'ils transportent ensuite dans les lieux de leur destination.

Quant au royaume de Candy, il n'y a que cinq villes un peu considérables : la capitale, qui lui donne son nom, a cet avantage, qu'étant située au centre de l'île, on y peut aborder de toutes parts avec facilité. Sa forme est triangulaire, & le Palais du Roi occupe la pointe qui est à l'orient. C'étoit autrefois une grande ville; les Souverains du pays y avoient fixé leur résidence; mais les Portugais, comme nous l'avons déjà dit, l'ayant ruinée dans le temps de leurs premières conquêtes, ses Princes ont transporté ailleurs le siége de leur empire, & n'y font plus que quelques voyages.

Les autres villes un peu importantes de ce royaume font Nellemby, Allout, Badoula & Digligy. Allout est le lieu où l'on tient en réserve, pour les temps de guerre, de grands magasins de bled & de sel. C'est aux environs de Badoula que se trouve le meilleur tabac de Ceylan ; & ils ont cela de particulier, que les animaux qu'on y éleve ne peuvent vivre long-temps lorsqu'ils sont transportés dans une autre province. Le Roi habite souvent la ville de Digligy ; il la regarde comme une place de sûreté, parce qu'elle est voisine d'une haute montagne qui peut à tous momens servir de retraite. Cette montagne est revêtue de tant de rochers, de bois & de précipices, qu'une poignée de gens y résisteroit aux plus grandes armées. Le palais du Prince est environné de remparts, & l'enceinte est remplie de divers bâtimens irréguliers, la plupart très-bas, couverts de chaume, & quelques-uns de tuiles; ces derniers ont deux étages, avec des galeries ouvertes pour donner de l'air, & entourées de balustrades d'ébène ou de bois peint. Le sommet de chaque édifice est orné de vases de terre, & les fenêtres sont enrichies de plaques d'argent; les portes, les ferrures, les verroux sont sculptés & gravés, mais sans beaucoup de goût; il y a cependant une sorte de magnificence dans ces édifices.

Les Seigneurs ont des maisons

assez belles & assez commodes. Elles consistent ordinairement en deux bâtimens opposés l'un à l'autre, & joints ensemble par une muraille, ce qui forme une cour carrée : les murs sont enduits de fiente de vache, qui les rend impénétrables à la pluie. Les maisons communes des habitans sont petites, basses, couvertes de paille, & bâties avec des perches sur lesquelles on étend quelquefois de l'argile. Une loi capitale de l'île de Ceylan défend de blanchir tout autre édifice que les temples des dieux, & le palais du Roi.

Jamais ces peuples ne bâtissent sur les grands chemins, de peur d'être exposés aux regards curieux des paſſans. Outre les cinq villes que je viens de nommer, il y a dans le royaume des bourgs & des villages en grand nombre ; mais ils ne méritent pas l'attention des voyageurs. Leurs habitans ne prennent aucun soin d'alligner les rues, ni de donner de la régularité à leurs maiſons. Chaque famille occupe un bâtiment ſéparé, environné d'une haie & d'un foſſé ; & ils l'abandonnent quand ils voient dans le village quelques maladies trop fréquentes ; perſuadés que le diable s'eſt emparé de l'habitation, ils en vont chercher une plus heureuſe.

LETTRE LXIX.

De Jafnapatan.

Avant de vous entretenir des mœurs des habitans, je crois, Madame, devoir vous parler de deux phénomènes qui ont également excité ma surprise.

C'est une variété fort remarquable que celle de l'air & des pluies dans les différentes parties de l'île. Quand les vents d'ouest commencent à souffler, la partie occidentale a de la pluie, & c'est alors le temps d'y remuer & labourer la terre. Mais dans le même tems la partie orientale jouit d'un temps fort sec, & c'est alors qu'on y fait la moisson. Au contraire, lorsque le vent d'est règne, on laboure les parties orientales de l'île, & les grains se recueillent dans la partie exposée à l'occident. Ainsi la moisson & le labourage occupent pendant toute l'année les insulaires, quoique dans des saisons opposées. Le partage de la pluie & de la sécheresse se fait ordinairement au milieu de l'île ; & souvent il m'est arrivé d'avoir de la pluie d'un côté de la montagne de *Cauragahing*, tandis qu'il faisoit très-sec & très-chaud de l'autre côté. Cette différence même n'est pas aussi légère qu'elle est prompte, car en sortant d'un lieu mouillé, je me trouvois tout-à-coup sur un terrein qui brûloit les pieds. Il pleut beaucoup plus sur les terres hautes que sur celles qui sont au-dessous des montagnes. Cependant la partie septentrionale de l'île n'est pas sujette à la même humidité. On y voit quelquefois pendant trois ou quatre ans entiers une si grande sécheresse, que la terre n'y peut recevoir de culture. Il est même difficile d'y creuser des puits assez profonds pour en tirer de l'eau qu'on puisse boire; & la meilleure conserve une âcreté qui la rend fort désagréable. Je laisse aux Physiciens le soin de vous expliquer la singularité de cette température, & je passe au second objet dont la vue a excité mon étonnement.

Celui-ci appartient au fol. C'est une montagne la plus haute de l'île; & même, à ce qu'on prétend, de l'Asie : elle est nommée le *Pic-d'Adam*, & on l'apperçoit de vingt lieues en mer. Il en sort un rocher qui s'élève à la hauteur d'un quart de lieue en forme pyramidale, mais si escarpé qu'on ne peut y monter que par le moyen d'une chaîne de fer qui règne depuis le haut jusqu'en bas. On compte, du pied de la montagne, au dernier sommet du rocher, environ deux lieues d'un chemin si difficile, qu'on emploie plus de huit heures à le faire. Quoique la cime paroisse pointue, en la regardant du bas de la plaine, elle forme néanmoins une terrasse de plus de deux cens pas de diamètre, au milieu de laquelle est un grand lac très-profond, & de la meilleure eau qu'on puisse boire. De là sortent plusieurs ruisseaux qui s'écoulent par torrens le long de la montagne, ensuite ils se réunissent & forment trois grandes rivières qui arrosent & fertilisent la plaine. Près du lac est une large pierre qui porte l'empreinte d'un pied d'homme, plus grand deux fois que sa mesure naturelle, & aussi parfaitement gravé que s'il étoit sur de la cire. Persuadés que c'est la marque du pied de notre premier père, les habitans du pays y ont une grande dévotion, & regardent comme une action méritoire d'y aller en pélerinage, sur-tout le premier jour de l'an, qui tombe pour eux au mois de mars. On voit alors sur cette montagne des processions innombrables d'hommes, de femmes & d'enfans; on a planté autour de la pierre quelques arbres; & plus loin on a construit des maisons pour les pélerins, avec une pagode pour un Prêtre qui reçoit les offrandes, & raconte aux dévots les miracles opérés par la vertu de cette pierre.

Je ne serois pas surpris que l'île de Ceylan fût, comme on le prétend, la même que les Juifs des premiers temps ont connue sous le nom d'*Ophir* & de *Tarsis*, & d'où les flottes de Salomon remportoient tant de richesses : en effet, si les Chingulais n'avoient eu connoissance de la religion révélée, comment se seroient-ils avisés de donner le nom de *Pic-d'Adam* à la haute montagne dont je viens de parler, & d'y placer le berceau du premier homme dont ils veulent qu'il y reste encore des traces ? Ils ajoutent même que le lac qu'on trouve au sommet de cette montagne, fut formé des pleurs qu'Eve répandit à la mort d'Abel ; & ces traditions subsistent dans le pays depuis plus de cinq cens ans avant Jesus-Christ.

LETTRE LXX.

De Jafnapatan.

L'Ile de Ceylan, Madame, est divisée en provinces, & les provinces en espèces de bailliages appelés *colras*. Les bois & les montagnes dont tout le pays est rempli, séparent, les uns des autres, ces *colras* ou cantons particuliers, & leur servent de forteresses ; aussi n'est-il pas permis de les défricher.

On distingue deux sortes d'habitans, les *Bedas* & les *Chingulais* ; ce qui forme deux nations absolument différentes par les mœurs, par le gouvernement & par la religion. Nous parlerons d'abord des *Bedas* : ils occupent la partie septentrionale de l'île, & sont partagés en tribus, qui se regardent comme une seule famille & qui n'obéissent qu'à un chef, dont l'autorité n'est pas absolue. Ils sont presque nuds. Du reste, ce sont les mêmes mœurs & le même gouvernement qu'on trouve dans les montagnes d'Ecosse. Ces tribus, unies pour la défense commune, ont toujours vaillamment combattu pour leur liberté, & n'ont jamais attenté à celle de leurs voisins. On sait peu de chose de leur religion, & il est douteux qu'elles aient un culte. Elles ont peu de communication avec les étrangers. On garde à vue ceux qui traversent

le

le pays qu'elles habitent; ils y font bien traités & promptement renvoyés. La jalousie des Bedas pour leurs femmes, leur inspire en partie ce soin d'éloigner les étrangers, & ne contribue pas peu à les séparer de tous les peuples. Ils semblent être les habitans primitifs de l'île. Ils parlent peu. Les femmes n'ont pour tout vêtement, qu'un tablier depuis les reins jusqu'aux genoux, & les hommes une toile légère. Ils sont petits de taille, & ont le corps gros & robuste.

Leurs armes sont des flèches & un arc d'une extrême longueur: cet arc leur sert aussi de lance, parce qu'il est armé d'une pointe de fer qu'ils enfoncent en terre lorsqu'ils décochent leurs traits. La chasse & les fruits qu'ils recueillent fournissent à leur nourriture. Ils habitent sur le bord des rivières, & passent la nuit sous le premier arbre qu'ils rencontrent; mais ils ont la précaution de mettre autour d'eux quelques branches pour être avertis de l'approche des bêtes farouches, par le bruit qu'elles font en traversant les feuilles. Dans le peu de communication qu'ils ont avec leurs voisins, ils leur vendent du miel, des planches, des peaux de bêtes, & prennent en échange des étoffes grossières, des anneaux de cuivre, des bracelets de verre, du sel, &c.

Si l'un de ces Bedas reçoit une offense de quelqu'un de sa tribu, il va trouver le Chef du canton, se tient assis sous un arbre vis-à-vis de sa demeure, tenant dans sa main une branche de verdure, & gardant un profond silence. Dans cette posture il attend, pendant cinq ou six jours, que le Chef l'interroge & lui rende justice. S'il n'obtient aucune satisfaction, il plante en terre son rameau & se retire, soit pour aller chercher son ennemi, soit pour abandonner le canton.

Telle est, Madame, la manière de vivre de ces espèces de sauvages, en qui l'on retrouve encore des traces de la simplicité des mœurs antiques & de la fierté originelle de l'homme. Les Chingulais offrent un tableau bien différent. Quelques-uns prétendent qu'ils sont originaires de la Chine; d'autres du continent de l'Inde. Je serois assez de cette dernière opinion, car ils ont plusieurs coutumes qu'on retrouve également chez les Indiens.

Ils sont divisés en différentes classes, dont la première est celle des *hondreons*, c'est-à-dire, *majestueux* : viennent ensuite les taillandiers, les barbiers, les potiers, les lavandiers, les tisserans & enfin les manœuvres, les soldats & les gueux.

Les *hondreons* forment ce qu'on appelle la haute noblesse : on en distingue de deux sortes, les blancs & les noirs. On considère les blancs parce qu'ils sont étrangers & qu'on les croit d'une naissance illustre;

cependant deux choses contribuent à les rendre moins recommandables : ils mangent du bœuf, ce que ne font point les naturels de l'île ; & ils ne lavent pas leurs mains après avoir satisfait aux nécessités naturelles, ce qui passe dans le pays pour une chose abominable.

C'est dans l'ordre des *hondreons* que le Roi choisit ses grands Officiers & les Gouverneurs des provinces. Ils sont distingués des autres classes par leurs noms & par la manière dont ils portent leurs habits. Les hommes les portent jusqu'à la moitié de la jambe, & leurs femmes jusqu'aux talons. Elles font passer aussi un bout de leur robe sur leur épaule, & le font descendre négligemment sur leur sein ; au lieu que les autres femmes vont nues depuis la tête jusqu'à la ceinture, & que leurs jupes ne passent pas les genoux, à moins qu'il ne fasse un froid extrême ; car alors tout le monde a la liberté de se couvrir le dos, & n'est obligé qu'à faire des excuses aux *hondreons* qui se trouvent dans les lieux publics Une autre distinction est celle de leurs bonnets, qui sont en forme de mîtres avec deux oreilles au-dessus de la tête, & d'une seule couleur, soit blanche ou bleue La couleur du bonnet des oreilles doit être différente pour ceux d'une naissance inférieure.

L'ordre qui suit les hondreons, est celui des taillandiers, des orfèvres, des peintres & des charpentiers. Ces quatre professions tiennent le même rang entr'elles, & font peu distinguées de la noblesse par leurs habits; mais elles ne peuvent ni manger, ni s'allier avec elle par des mariages.

Les taillandiers ont perdu néanmoins quelque chose de leur ancienne considération; & voici ce qu'on prétend y avoir donné lieu. Un jour quelques hondreons étant allés chez un taillandier pour faire raccommoder leurs outils, cet artisan qui étoit appelé par l'heure de son dîner, les fit attendre si long-temps dans sa boutique, qu'indignés de cet affront, ils sortirent pour l'aller publier; sur quoi il fut ordonné que les personnes de ce rang-là seroient pour jamais privées de l'honneur qu'elles avoient eu jusqu'alors de faire manger les hondreons dans leurs maisons. Cependant les taillandiers ont peu rabattu de leur fierté, sur-tout ceux qui sont employés pour les ouvrages du Roi. Ils ont un quartier de la ville pour lequel d'autres qu'eux n'osent travailler; & leur ouvrage ordinaire consistant à raccommoder des outils, ils reçoivent pour paiement, au temps de la moisson, une certaine quantité de grains en forme de rente. Les outils neufs se paient à part, suivant leur valeur, & le prix est ordinairement un présent de riz, de volaille ou d'autres provisions. Ceux qui ont besoin de leur service, apportent du charbon & du fer. Le taillandier est assis gravement, avec son enclume devant lui, la main gauche du côté de la forge, & un petit marteau dans la main droite. On est obligé de souffler le feu & de battre le fer avec le gros marteau, tandis qu'il le tient & se contente de donner quelques coups pour lui faire prendre la forme nécessaire. S'il est question d'émoudre quelque chose, on fait la plus grosse partie du travail, & le taillandier donne la dernière perfection. C'est la nécessité qui paroît avoir attiré de la considération à ce métier, parce que les Chingulais ayant peu de commerce au dehors, ne peuvent tirer leurs inſtrumens que de leurs propres ouvriers.

Après ces quatre profeſſions vient celle des barbiers, qui peuvent porter des camiſoles, mais avec leſquels perſonne ne veut manger, & qui n'ont pas le droit de s'aſſeoir ſur des chaiſes. Cette dernière diſtinction n'appartient qu'aux rangs qui les précèdent.

Les potiers ſont au-deſſous des barbiers ; ils ne portent point de camiſoles, & leurs habits ne paſſent point le genou ; ils ne s'aſſeient point ſur des chaiſes & perſonne ne mange avec eux. Cependant parce qu'ils font les vaiſſeaux de terre, ils ont ce privilège, qu'étant chez un hondreon ils peuvent ſe ſervir de son pot pour boire à la manière du pays, qui consiste à se verser de l'eau dans la bouche sans toucher au pot du bord des lèvres. Les lavandiers qui viennent après eux, sont en très-grand nombre dans la nation, ils ne blanchissent que pour les rangs supérieurs à eux. Ce qui les distingue est un linge que les hommes & les femmes de cette profession ont toujours sur leurs épaules. Au lieu de cendres, ils ont une sorte de lie dont la vapeur pénètre le linge; ensuite ils le mettent tremper dans la rivière, & sans le frotter ils le battent contre un rocher, & le nettoient parfaitement.

Les tisserans forment le degré suivant; outre le travail de leur profession, ils font astrologues & prédisent les bonnes saisons, les jours heureux & malheureux, le sort des enfans à l'heure de leur naissance, le succès des entreprises, & enfin tout ce qui appartient à l'avenir. Ils battent du tambour, jouent du flageolet, dansent dans les temples pendant les sacrifices, & emportent, pour les manger, toutes les viandes qu'on offre aux idoles.

Les *kildoas*, ou les faiseurs de paniers, sont au-dessous des tisserans. Ils font des vans pour nettoyer les grains, des paniers, des lits & des chaises de canne. On compte ensuite les faiseurs de nattes, nommés *rinnerasks*, qui travaillent avec beaucoup d'adresse & de propreté.

preté. Mais dans cet ordre, il est défendu aux personnes de l'un & de l'autre sexe de se couvrir la tête. Les gardes d'éléphans forment aussi une profession particulière ; de même que les *jaggeris*, qui font le sucre. Jamais ces artisans ne changent de métier; le fils demeure attaché à la profession de son père; la fille se marie à un homme de son ordre, & on leur donne pour principale dot les outils qui appartiennent au métier de leur famille.

Les *poddas* forment le dernier ordre du peuple, qui est composé de manœuvres & de soldats, gens dont l'extraction passe pour la plus vile, sans qu'on en puisse donner d'autre raison, que d'être nés tels de père en fils.

Ce qu'on appelle *gueux* à Ceylan, est une race de gens dont les pères, par leurs mauvaises actions, ont été réduits au dernier degré de l'abjection & du mépris. Ils sont obligés de donner à tous les autres insulaires les titres que ceux-ci donnent aux rois & aux princes, & de les traiter avec le même respect. On raconte que leurs ancêtres étoient des *dodda vaddas*, c'est-à-dire des chasseurs, qui fournissoient la venaison pour la table du roi; mais qu'un jour, au lieu de gibier, ils présentèrent de la chair humaine à ce prince, qui l'ayant trouvé excellente, demanda qu'on lui en servît de la même espèce; mais cette horrible tromperie fut découverte, & le reſſentiment du roi en fut ſi vif, qu'il regarda la mort des coupables comme un châtiment trop léger : il ordonna, par un décret public, que tous ceux qui étoient de cette profeſſion ne pourroient jamais jouir d'aucun bien ni exercer aucun métier dont ils puſſent tirer leur ſubſiſtance; & qu'étant privés de tout commerce avec les autres hommes, pour avoir outragé ſi barbarement l'humanité, ils demanderoient l'aumône, de génération en génération, dans toutes les parties du royaume, regardés comme infâmes, & en horreur à la ſociété civile.

En effet, ils font si détestés, qu'on ne leur permet pas de puiser de l'eau dans les puits; ils sont réduits à celle des trous & des rivières. On les voit mendier en troupes, hommes, femmes & enfans, à-peu-près comme cette espèce de gens que nous appelons *Bohémiens*. Ils portent leurs bagages & leurs alimens dans des paniers au bout d'un bâton. Leurs femmes dansent & font divers tours de souplesse, pendant que les hommes battent du tambour. Ils font tourner un bassin de cuivre sur le bout du doigt avec une vîtesse incroyable: ils ont encore l'adresse de jetter successivement neuf balles, & de les recevoir successivement l'une après l'autre, de manière qu'il y en a toujours sept en l'air. Lorsqu'ils demandent l'aumône, ils donnent aux hommes le titre de Roi, de Souverain, & aux femmes, ceux de Princesse & de Reine. Leurs demandes sont aussi pressantes que s'ils étoient autorisés à les faire par lettres-patentes du Roi : ils ne peuvent souffrir qu'on les refuse. D'un autre côté, comme il n'est pas permis de les maltraiter, ni de lever même la main sur eux, on est obligé, malgré soi, de tout accorder à leurs importunités. Ils se bâtissent des cabannes sous des arbres, dans des lieux éloignés des villes & des grands chemins. Les aumônes qu'ils arrachent de toutes parts, leur font mener une vie d'autant plus aifée qu'ils font exempts de toute forte de droits & de fervices; on ne les affujettit qu'à faire des cordes de la peau de vaches mortes, pour prendre & lier les éléphans, ce qui leur procure un autre privilége, qui eft d'en prendre la chair & de l'enlever aux tifferands. Ils prétendent qu'ils ne peuvent fervir le Roi & faire de bonnes cordes, lorfque les peaux font déchiquetées par d'autres mains; & fous ce prétexte, ils réfiftent aux tifferands, qui dans la crainte de fe fouiller en touchant une race déteftée, prennent le parti de fuir & d'abandonner leurs droits.

Souvent, lorfque le Roi condamne au dernier supplice quelques grands Officiers qui l'ont mérité par leurs crimes, il livre leurs femmes & leurs filles aux gueux, & ce châtiment paroît plus terrible que la mort. Il cause tant d'horreur aux femmes, que dans le choix que le Roi leur a quelquefois laissé de se précipiter dans la rivière, ou d'être abandonnées à cette odieuse race, elles n'ont jamais balancé à préférer le premier de ces deux supplices.

Ainsi, Madame, vous voyez que par-tout on a posé des lignes de démarcation entre l'homme & l'homme. L'égalité morale, que nos politiques modernes regardent comme une chimère, ne se trouve que parmi quelques hordes sauvages, & justifie très-bien leur éloignement pour les peuples policés. J'ai cru devoir vous faire connoître ces distinctions avant de vous parler des mœurs & du gouvernement. Ce sera l'objet de la première lettre que j'aurai l'honneur de vous adresser.

LETTRE LXXI.

Les Chingulais, Madame, sont fort bien faits, & mieux même que la plupart des Indiens. Ils ont beaucoup d'adresse & d'agilité; leur contenance est grave comme celle des Portugais; ils ont l'intelligence fine, leur langage est agréable & leurs manières obligeantes; mais ils font naturellement trompeurs & remplis d'une présomption insupportable. Ils ne regardent pas le mensonge comme un vice honteux; le larcin est celui qu'ils abhorrent le plus, & qui n'est presque pas connu parmi eux. Ils estiment la chasteté quoiqu'ils la pratiquent peu, la tempérance, la douceur, le bon ordre dans les familles. On ne leur voit guère d'emportement dans l'humeur; & s'ils se fâchent, on les appaise facilement. Ils sont propres dans leurs habits & dans leurs alimens; enfin leurs inclinations & leurs usages n'ont rien de barbare.

Ils portent au côté gauche une espèce de coutelas, & un couteau dans leur sein, auſſi du côté gauche. Les femmes ont ordinairement une camiſole de toile qui leur couvre tout le corps, & qui eſt parſemée de fleurs bleues & rouges; elle eſt plus ou moins longue ſuivant leur qualité. La plupart portent un morceau d'étoffe de ſoie ſur la tête, des joyaux aux oreilles, & d'autres ornemens autour du col, des bras & de la ceinture. Elles oignent leurs cheveux avec de l'huile de coco, pour les rendre luiſans. Leur figure n'eſt pas moins agréable que celle des Portugaiſes. L'uſage du pays leur accorde une liberté dont il eſt rare qu'elles abuſent. Elles peuvent recevoir des viſites, & s'entretenir avec des hommes, ſans être gênées par la présence de leurs maris. Quoiqu'elles aient des suivantes & des esclaves pour exécuter leurs ordres, elles se font honneur du travail & ne se croyent pas avilies par les soins domestiques.

Le luxe des femmes de qualité surpasse beaucoup celui des maris, & les hommes mettent une partie de leur gloire à faire paroître leurs femmes avec éclat ; mais, avec tous leurs ornemens, elles ne portent pas de souliers, non plus que les hommes, parce que cet honneur est réservé au Roi seul. Les rangs ou les degrés de distinction ne peuvent s'acquérir par les richesses ni par les emplois ; ils sont par conséquent héréditaires. De là vient que personne ne se marie, & ne mange avec un inférieur; une fille qui se laisseroit séduire par un homme de moindre condition qu'elle, perdroit la vie par les mains de sa famille qui ne croiroit cette tache bien lavée que dans son sang. Il y a néanmoins quelque différence en faveur des hommes. On ne leur fait pas un crime d'un commerce d'amour avec une femme de la plus basse extraction, pourvu qu'il ne mange ni ne boive avec elle, & qu'il ne lui accorde pas la qualité d'epouse, autrement ils sont punis par le magistrat, qui leur impose quelque amende ou les met en prison. Celui qui porte l'oubli de son rang, jusqu'à contracter un mariage de cette nature, est exclus de sa famille, & réduit à l'ordre de la femme qu'il épouse.

L'argent étant fort rare dans ce pays-ci, tout se vend & s'achète ordinairement par des échanges. Les habitans font très-peu de commerce avec les étrangers. Le négoce des Chingulais est resserré entr'eux; il se borne aux productions du pays, parce que celles d'un canton ne ressemblent point à celles d'un autre. En rassemblant ainsi tout ce que la nature accorde aux différentes parties du Royaume, ils ont de quoi subsister, sans le secours des régions étrangères. L'agriculture est leur principal emploi, & les grands ne dédaignent pas de s'y appliquer. Un homme de la première qualité travaille sans honte à la terre, pourvu que ce soit pour lui-même ; mais il se déshonore s'il travaille pour autrui ou dans la vue de quelque salaire : le seul office qu'il ne puisse exercer, sous aucun prétexte, est celui de portefaix, parce qu'il passe pour le plus vil. Il n'y a point de marché dans l'île entière. Les villes ont quelques boutiques, où l'on vend de la toile, du riz, du sel, du tabac, de la chaux, des drogues, des fruits, des épées, de l'acier, du cuivre & d'autres marchandises.

La langue des Chingulais leur est si particulière qu'on ne connoît aucune partie des Indes où elle soit entendue : ils ont à la vérité quelques expressions qui leur sont communes avec les Malabares; mais le nombre en est si petit qu'ils ne peuvent mutuellement s'entendre. Leur idiome tient du caractère de ces insulaires, qui aiment la flatterie, les titres & les complimens. Ils n'ont pas moins de douze titres pour les femmes, suivant le rang & la qualité. Toi & vous s'expriment de sept ou huit manières différentes, qui sont aussi proportionnées à l'état, à l'âge & au caractère de ceux à qui l'on parle, & qu'on veut honorer. Ces affectations de politesse ne sont pas moins familières aux laboureurs & aux manœuvres qu'aux courtisans. Ils donnent au Roi des titres qui l'égalent à leurs dieux, & lorsqu'ils lui parlent d'eux-mêmes, c'est avec un excès d'humilité. Ils éloignent jusqu'à l'idée de leurs personnes, en y substituant les êtres les plus vils. Ainsi, au lieu de dire *j'ai fait*, ils disent, *le membre d'un chien a fait telle chose*. S'il est question de leurs enfans, ils les transforment de même; & quand le Prince leur demande combien ils en ont, ils répondent qu'ils ont *tel nombre de chiens ou de chiennes*. Faut-il qu'en parcourant la terre on trouve si souvent cette incroyable dégradation de la nature humaine?

Avec un respect si extraordinaire pour leur Souverain, vous ne serez pas surprise qu'ils n'aient d'autres loix que sa volonté. Cependant ils ont un certain nombre de vieilles coutumes qui se conservent par la force de l'habitude. Leurs terres passent des pères aux enfans, à titre d'héritage, & le partage dépend du père; mais si l'aîné demeure seul possesseur, il est obligé d'entretenir sa mère, ses frères & ses sœurs, jusqu'à ce qu'ils soient autrement pourvus.

Les règles fixées par l'habitude ne sont pas moins constantes pour la distinction des biens, pour le payement des dettes, pour les mariages & les divorces. Leurs mariages sont une pure cérémonie, qui consiste dans quelques présens qu'un homme fait à sa femme, & qui lui donnent droit sur elle lorsqu'ils sont acceptés. Les pères ne laissent pas de donner pour dot à leurs filles des bestiaux, des esclaves, de l'argent ; mais si les deux parties ne se conviennent pas, une prompte séparation leur rend la liberté, & le mari en est quitte pour rendre ce qu'il a reçu. Cependant la femme ne peut disposer d'elle-même qu'après qu'il s'est engagé dans un autre mariage : s'ils ont des enfans, les garçons demeurent au père, & les filles suivent la mère. Les hommes & les femmes se marient ordinairement quatre ou cinq fois avant que de se fixer solidement. Il est rare qu'un homme ait plus d'une femme, mais ce qui est très-rare par-tout ailleurs, & très-remarquable, une femme a souvent deux maris. L'usage permet à deux frères qui veulent vivre ensemble, de n'avoir qu'une femme entr'eux. Les enfans communs les reconnoissent tous deux pour leurs pères, & leur en donnent le nom. Un homme qui surprend sa femme au lit avec un amant, peut les tuer tous deux ; mais les Chingulais connoissent peu les tourmens de la jalousie, & ne se croyent pas déshonorés, lorsque leurs femmes se livrent à des hommes d'une égale condition. Ces commerces d'amour ne passent pour un crime qu'avec des amans d'une naissance inférieure. Les terres dont elles héritent ne payent rien au Roi. Les femmes font encore exemptes des droits de la douane dans les ports & sur les passages. Leur sexe est même respecté jusques dans les animaux; & par une loi qui est peut-être sans exemple, on ne paye rien non plus pour ce que porte une bête de charge femelle; mais des usages si galans n'empêchent pas que pour conserver la subordination de la nature, il ne soit défendu aux femmes, sans aucune distinction de naissance & de qualité, de s'asseoir sur un siège en présence d'un homme. L'autorité des pères sur les enfans va jusqu'à pouvoir les donner, les vendre ou leur ôter la vie dans l'enfance, lorsqu'ils les prennent en aversion, ou qu'ils se trouvent incommodés du nombre.

Les Chingulais brûlent leurs morts avec beaucoup de cérémonies, du moins leurs morts de qualité. Dès qu'il y a un mort dans une maison, on n'ose plus en-approcher de quelques jours, de peur de se rendre impur. Si c'est une personne de qualité, on commence par laver le corps immédiatement après le décès ; ensuite on le couvre d'un drap & on le brûle ; quelquefois on arrache un arbre, on le creuse, on y met le corps, on remplit de poivre les espaces qui restent vuides, & on le laisse en cet état, dans la maison, jusqu'à ce que le Prince ordonne qu'on l'en retire, & qu'on le brûle, car on ne le feroit pas sans son ordre, sur-tout si c'est un homme qui ait servi à la cour. Comme cet ordre est quelquefois long-temps à venir, on fait, en l'attendant, une espèce de fosse, & l'on y met le mort avec sa bierre. Quand l'ordre de le transporter est arrivé, on l'étend sur un brancard, & il est porté par plusieurs personnes jusqu'au lieu du bûcher. On le pose sur un tas de bois, on jette d'autre bois dessus, on couvre le tout d'une espèce de ciel ou de dais, fait avec de la toile peinte & des rameaux, & l'on y met le feu. Lorsque tout est consumé, on ramasse les cendres en forme de pyramide ; on les environne de haies ou de palissades, & l'on y sème de l'herbe qui, avec le temps, en fait une espèce de mausolée couvert de gazon. Si le mort est d'une naissance moins distinguée, on le brûle dans son tronc d'arbre sans beaucoup de cérémonie. Si c'est un homme de basse extraction, on l'enterre simplement dans un bois. On voit que par-tout il faut payer sa bierre ou son bûcher.

Les Chingulais n'ont ni médecins ni chirurgiens ; mais ils trouvent au milieu de leurs bois, dans l'écorce & les feuilles de leurs arbres, des remèdes & des préservatifs pour tous les maux dont ils sont affligés. Leur régime sert aussi beaucoup à la conservation de leur santé. Ils se tiennent le corps fort net ; ils dorment peu, & la plupart de leurs alimens sont simples : du riz à l'eau & au sel, avec quelques feuilles vertes & du jus de citron, passe pour un bon repas. Je vous ai déjà parlé de leur aversion pour le bœuf ; les autres viandes & les poissons même les tentent si peu, qu'ils les vendent ou les abandonnent aux étrangers qui se trouvent dans leur pays. Ils auroient des bestiaux & de la volaille en abondance, si les bêtes farouches ne leur en enlevoient beaucoup ; sans compter que le Roi croit son repos intéressé à tenir ses sujets dans la misère, & permet même à ses Officiers de prendre

CEYLAN. 61

prendre à très-vil prix leurs poules & leurs porcs.

Cette vie sobre entretient également leur santé & la gaieté de leur humeur. Ils chantent sans cesse, jusqu'en se mettant au lit, & la nuit même lorsqu'ils s'éveillent. Leur manière de se saluer est libre & ouverte : elle consiste à lever les mains la paume en haut, & à baisser un peu la tête. Le plus distingué ne lève qu'une main pour son inférieur ; & s'il est fort au-dessus par la naissance, il remue seulement la tête. Les femmes se saluent en portant la main au front. Leur compliment ordinaire est *ay*, qui signifie, *comment vous portez-vous ?* ils répondent *hundoi*, c'est-à-dire, *fort bien*. Tous leurs discours ont le même air de politesse.

Voilà, Madame, ce que j'ai observé de plus remarquable dans les mœurs & les usages des Chingulais. Une autre fois je vous parlerai de leur gouvernement & de leur religion.

LETTRE LXXII.

Ici, Madame, la couronne est héréditaire ; mais il est libre au Roi de se choisir un successeur parmi ses enfans, ou de leur partager ses états. Il y a deux Officiers principaux, ou premiers Juges, qui se nomment *Ædigars*, & qui sont chargés de l'administration civile

& militaire ; c'eſt à leur tribunal qu'on appelle en dernier reſſort dans toutes les affaires où l'on ne s'en tient pas au jugement des Gouverneurs particuliers des provinces ou des villes. Ils ont ſous eux des Officiers ſubalternes : ceux-ci pour marque de leur dignité, ont un bâton crochu, qui eſt auſſi reſpecté que le ſceau même des deux Ædigars. Le gouvernement dés provinces oblige ceux qui en ſont pourvus de demeurer à la cour, où leur fonction eſt de veiller à la garde du Roi; mais ils ont des Officiers qui les repréſentent en leur abſence. Leur cour de juſtice eſt compoſée des principaux habitans de chaque bourg. On appelle

D ij

de ces tribunaux au Gouverneur, du Gouverneur aux premiers Miniſtres, & de ceux-ci au Roi même. On ſe proſterne devant lui quand il ſort de ſon palais; mais cette voie n'eſt pas toujours une reſſource contre l'injuſtice; car le Prince fait quelquefois battre & enfermer le ſuppliant, pour l'avoir importuné mal-à-propos, & l'affaire languit pendant des années entières.

Les noms d'honneur qu'on donne aux Grands, ſont celui d'*Ouſſai*, lorſqu'ils ſont à la cour, ce qui revient à notre *Meſſire*; & lorſqu'ils ſont éloignés du Roi, ceux de *Sibatta* & de *Dishoudien*, qui ſignifient *Seigneurie* ou *Excellence*. S'ils sortent à pied, c'est toujours en s'appuyant sur le bras d'un Ecuyer. L'Ædigar joint à cette marque de grandeur, un homme qui marche devant lui, avec un grand fouet qu'il fait claquer pour avertir le peuple de se tenir à l'écart. Ces courtisans, au milieu de leurs plus grands honneurs, sont exposés à des infortunes qui rendent leur situation peu digne d'envie. C'est une disgrace fort ordinaire pour un seigneur, d'être enchaîné dans une obscure prison. Ils sont toujours prêts à mettre la main l'un sur l'autre, pour exécuter l'ordre du Roi; ils sont même ravis d'en être chargés, parce qu'ordinairement celui dont on emploie le ministère est revêtu de la dépouille de l'autre.

Le Roi de Candy mange toujours seul à une petite table, devant laquelle il est assis. Les Officiers qui le servent ont un bandeau sur la bouche, de peur que leur haleine ne souille les mets qu'ils lui présentent. Son pouvoir consiste dans la force naturelle de son pays, dans ses gardes, & dans l'artifice plutôt que dans le courage des soldats. Il n'a pas d'autres châteaux fortifiés que ceux qui le sont par la nature. La milice est composée des gardes du Roi qui viennent alternativement faire leur service à la Cour, & de ce qu'on appelle soldats du pays haut qui sont dispersés dans toutes les parties de l'île. Les gardes se succèdent de père en fils sans être enrôlés, & jouissent au lieu de paye de certaines terres qu'on leur abandonne, mais qu'ils perdent lorsqu'ils négligent leur devoir. S'ils veulent quitter leur service, ils en ont la liberté, en renonçant à leurs terres, qui sont données à ceux qui les remplacent. Leurs armes sont l'épée, la pique, un arc, des flèches, & de bons fusils. Ils n'ont jamais pu défendre les côtes de leur île qui sont plus nues que leurs montagnes. Cependant ils ont acquis beaucoup d'expérience par les longues guerres qu'ils ont eues avec les Portugais & les Hollandois. La plupart de leurs Généraux ayant servi sous les Européens dans les intervalles de la paix, ont pris le goût de notre discipline qui les a rendus capables de battre quelquefois les Hollandois, & de leur enlever plusieurs forts. Le Roi donnoit autrefois un prix réglé à ceux qui lui apportoient la tête d'un ennemi. Mais ce barbare usage ne subsiste plus.

La religion des Chingulais est l'idolâtrie. Ils rendent des adorations à plusieurs divinités qu'ils distinguent par différens noms, & dont la principale est celle qu'ils appellent *Ossa*, *Polla*, *Maups*, c'est-à-dire, dans leur langue, créateur du ciel & de la terre. Ils croyent que ce dieu suprême envoie d'autres dieux fur notre globe, pour y faire exécuter fes ordres, & que ces dieux inférieurs font les ames des gens de bien, qui font morts dans la pratique de la vertu. Une autre divinité du premier ordre eft celle qu'ils nomment *Buddon*, à laquelle il appartient de fauver les ames, & qui étant autrefois defcendue fur la terre, fe montroit de temps en temps fous un grand arbre nommé *bogaha*, qui depuis eft un des objets de leur culte. Le foleil & la lune font auffi des dieux pour les Chingulais. Ils donnent au foleil le nom d'*iri*, & à la lune celui de *hauda*, auquel ils joignent quelquefois celui de *hamui*, titre d'honneur des perfonnes les plus relevées, & celui de *dio*, qui signifie *dieu* dans leur langue, mais qu'ils ont probablement emprunté des Portugais.

Le nombre de leurs pagodes & de leurs temples est immense. On en voit plusieurs d'un travail exquis, bâtis de pierre de taille, ornés de statues & d'autres figures; mais si anciens que les habitans même en ignorent l'origine. Ce qui peut faire croire qu'ils les doivent à des ouvriers plus habiles que les Chingulais, c'est que la guerre en ayant ruiné plusieurs, ils n'ont pas été capables de les rebâtir.

Les Chingulais ont trois sortes de Prêtres, comme trois sortes de dieux & de temples. Le premier ordre du sacerdoce est celui des Tirinanxes qui sont les Prêtres de *Buddon.* Leurs temples se nomment *Œlsars*; ils ont une maison à *Digligi* où ils tiennent leurs assemblées. On ne reçoit dans cet ordre que des personnes d'une naissance & d'un savoir distingués. Ce n'est pas même tout d'un coup qu'ils sont élevés au rang sublime de Tirinanxes. Ceux qui portent ce titre ne sont qu'au nombre de trois ou quatre, qui font leur demeure à *Digligi,* où ils jouissent d'un immense revenu, & sont comme les supérieurs de tous les Prêtres de l'île. On nomme *Gonis* les autres ecclésiastiques du même ordre. L'habit des uns & des autres est une casaque jaune plissée autour des reins, avec une ceinture de fil. Ils ont les cheveux rases, & vont nue tête, portant à la main une espèce d'éventail rond, pour se garantir de l'ardeur du soleil. Leur règle les oblige de ne manger de la viande qu'une fois le jour; mais il ne faut pas qu'ils ordonnent la mort des animaux dont ils mangent, ni qu'ils consentent qu'on les tue.

Ces Prêtres sont également respectés du Souverain & du peuple. On les salue profondément sans qu'ils rendent jamais le salut à personne. Par-tout où ils vont on étend une natte fine ou un linge blanc sur le siége qu'on leur présente;

fente ; honneur qui leur est commun avec le Roi. Quoiqu'ils fassent profession du célibat, tant qu'ils exercent les fonctions du sacerdoce, ils sont cependant libres de se marier, en renonçant à leur ministère ; alors ils jettent leur habit dans la rivière, se lavent la tête & le corps, & par cette formalité redeviennent laïques.

Le second ordre des Prêtres est composé de ceux qui se nomment *Koppahs*, & qui appartiennent aux temples des autres divinités. Leur habit n'est pas différent de celui du peuple. Lors même qu'ils exercent leurs fonctions, ils ne sont bligés qu'à se laver & à changer e linge avant la cérémonie. Comme on ne sacrifie jamais de chair aux dieux dont ils sont les ministres, tout leur service se réduit à présenter à l'idole du riz bouilli & d'autres provisions. Leurs temples qui se nomment *Deovels* ont peu de revenus; aussi les Koppahs labourent-ils la terre sans être exempts d'aucune des charges de la société.

Les Prêtres du troisième ordre sont les *Jaddesses*, employés au service des esprits qui se nomment *Degoutans*, & dont les temples s'appellent *Cavels*. Un homme dévot bâtit, à ses dépens, un temple dont il devient le Prêtre ou le *Jaddesse*; il fait peindre sur les murs des hallebardes, des épées, des flèches, des boucliers, & des images ; mais ces temples font peu respectés du peuple.

L'emploi le plus commun des *Jaddeffes* est pour les sacrifices qui sont offerts au diable, dans les maladies ou autres dangers; ce n'est pas cependant que les Chingulais prétendent l'adorer; mais ils le croyent redoutable ; & pour écarter les maux qu'ils le supposent en état de leur causer, ils lui sacrifient souvent de jeunes coqs. Ces dévotions particulières ont multiplié à l'infini le nombre des Prêtres, des temples & des pagodes dans l'île de Ceylan. On y voit des figures monstrueuses, les unes d'argent, les autres de cuivre ou de différens métaux. Le mardi & le samedi sont des jours de dévotion.

Ici on célèbre tous les ans, dans les nouvelles lunes de Juin & de Juillet, une grande fête qui dure jusqu'à la pleine lune. Elle consiste principalement à promener dans les rues un grand nombre d'éléphans chargés d'idoles & de sonnettes. Le peuple suit, vêtu d'habits gigantesques, en mémoire de certains géans qui furent, dit-on, les premiers habitans de l'île. Arrivent les musiciens, les farceurs & les baladins partagés en plusieurs troupes. Ils sont suivis de trois éléphans marchant de front & couverts de magnifiques harnois. Celui du milieu porte deux Prêtres assis l'un devant l'autre ; le premier a sur l'épaule un bâton peint orné de banderoles : l'autre tient un parasol sur la tête de son collègue. Les éléphans des côtés ont aussi chacun un Prêtre ; & tous ces ministres représentent différentes divinités. On voit ensuite les femmes Chingulaises qui marchent trois à trois avec beaucoup de modestie. Le cortège est fermé par les gens de guerre, les Officiers du Prince & les Ministres. Dans le cours de chaque solemnité, on fait deux processions; l'une le jour, l'autre la nuit. Les rues sont semées de fleurs & d'herbes odoriférantes ; & les maisons ornées de banderoles, de verdure & de lampions. Le travail

E iij

est interdit pendant ces saints jours, dont une partie se passe en dévotion dans les temples, & l'autre en festins & en réjouissances. Il y a pendant l'année divers pélerinages dans des lieux où l'on voit quantité de chapelles creusées dans le roc, & quelques vieux temples à moitié ruinés, dont l'ouvrage est si supérieur à l'industrie actuelle de ces insulaires, que le peuple se persuade qu'ils ont été bâtis par des géans.

Les Chingulais croient la résurrection des corps, l'immortalité de l'ame & un état futur de récompense & de punition ; ainsi que les autres Indiens, ils croient à la métempsicose, & dans toute l'étendue de la domination hollandoife, on ne permet que cette religion, celle de Mahomet & la proteftante. Celle des catholiques y eft prohibée fous des peines rigoureufes; les Hollandois y ont introduit la leur, par les foins des Miniftres qu'ils y entretiennent, & qui y ont fait grand nombre de profélytes; ils ont même fondé un college pour y inftruire la jeuneffe du pays. On prétend qu'il y avoit autrefois, dans cette île, des églifes floriffantes, établies par les premiers fucceffeurs des Apôtres, & ruinées par les mahométans. Les miffionnaires Portugais travailloient à y faire revivre le nom chrétien, lorfque les Miniftres proteftans vinrent annoncer l'évangile de Calvin dans les mêmes lieux où l'Apôtre Xavier avoit fait éclater son zèle.

Maintenant, Madame, je vais vous dire un mot de l'état des sciences chez les Chingulais. En général ils vivent dans la plus profonde ignorance ; & s'ils apprennent à lire & à écrire, ils pourroient ignorer l'un & l'autre, sans en être plus méprisés ; leurs livres ne traitent que de religion & de médecine, & sont écrits sur des feuilles de talipot ; ils se servent pour leurs lettres & leurs écrits ordinaires, d'une sorte de feuilles qui se nomment tamoles, & qui reçoivent plus aisément l'impression, quoiqu'elles n'aient pas tant de facilité à se plier. Leurs plus habiles aſtronomes ſont des Prêtres du premier ordre ; ce qui n'empêche pas que les opérations annuelles d'aſtronomie ne ſoient réſervées aux tiſſerans. Ils prédiſent les écliples du ſoleil & de la lune. Ils font pour le cours de chaque mois, des almanachs où l'on voit l'âge de la lune, les bonnes ſaiſons pour labourer & ſemer la terre; les jours heureux pour commencer un voyage & d'autres entrepriſes. Ils ſe prétendent fort verſés dans la ſcience des étoiles, qui eſt la ſource de leurs lumières ſur tout ce qui intéreſſe la ſanté & la bonne ou mauvaiſe fortune. Ils comptent neuf planètes, c'eſt-à-dire, ſept comme nous, auxquelles ils ajoutent la tête & la queue du dragon. Le temps se compte parmi eux depuis un ancien Roi qu'ils nomment *Sacavarly*. Leur année est de trois cens soixante-cinq jours, & commence le vingt-huit du mois de Mars, mais quelquefois le 27 ou le 29, pour l'ajuster au cours du soleil. Elle est divisée en douze mois, & leurs mois en semaines qui sont de sept jours comme les nôtres. Les Chingulais partagent le jour en trente heures, qui commencent au lever du soleil, & la nuit en autant de parties, qui commencent au coucher de cet astre. Mais n'ayant ni horloges, ni cadrans solaires, ils ne jugent du temps que par conjectures, ou par l'état d'une fleur commune, qui s'ouvre régulièrement sept heures avant la nuit. Le Roi est le seul qui emploie pour la mesure du temps une espèce de clepsidre, dont le soin forme un office particulier du Palais. C'est un plat de cuivre, percé d'un petit trou, qu'on fait nager dans un vase plein d'eau, jusqu'à ce qu'il se remplisse & qu'il aille au fond.

Vous voyez, Madame, que les connoissances & l'industrie des Chingulais ne s'étendent pas fort loin. Il ne me reste qu'à vous parler des différentes productions du sol qu'ils habitent. L'étude des hommes ne doit pas nous faire négliger celle des choses ; il faut au contraire qu'elles marchent de front, parce qu'elles ont entr'elles des relations si intimes qu'il n'est guère possible de s'attacher à l'une exclusivement à l'autre, & toutes deux forment le vaste champ des connoissances humaines, héritage inépuisable dans lequel il nous reste encore bien des récoltes à faire.

LETTRE LXXIII.

LE riz, Madame, est la denrée la plus abondante de cette île, & celle dont on fait le plus d'usage. La manière de le cultiver, est remarquable par l'industrie des habitans. Vous savez que l'eau est nécessaire pour la culture du riz, & vous concevez facilement qu'avec le secours des réservoirs & des canaux, les plaines du royaume de Candy peuvent devenir aussi fertiles que les plus humides vallées; mais si vous faites attention que le pays est un amas de montagnes, il vous paroîtra surprenant qu'elles n'en soient pas moins cultivées: cependant elles le sont. Les Insulaires ont trouvé le moyen de les applanir en forme d'amphithéâtre, dont les siéges ont depuis trois pieds jusqu'à huit de largeur, les uns plus ou moins bas que les autres, à proportion que la colline a plus ou moins de roideur. On les unit en les rendant un peu creux; ce qui forme une sorte d'escaliers par lesquels on peut monter jusqu'au dernier siége. Comme l'île est fort pluvieuse, & que d'un autre côté les sources sont si communes sur les montagnes, qu'il s'en forme un grand nombre de rivières, on a pratiqué de grands réservoirs jusqu'au niveau des plus hautes sources, d'où l'on fait tomber l'eau sur les premiers siéges, & couler par degrés aux autres rangs. Ces réservoirs sont en très-grand nombre & de différentes grandeurs. Les uns ont une demi-lieue de long, d'autres un quart de lieue seulement, & leur profondeur est de deux ou trois brasses. A présent qu'ils sont bordés d'arbres, on les prendroit pour de simples côteaux. On ne les fait pas plus profonds, parce que l'expérience a prouvé qu'ils seroient moins commodes, & qu'après les sécheresses qui tarissent quelquefois jusqu'aux sources, ils seroient plus difficiles à remplir. Dans les parties septentrionales du royaume, on ne trouve ni sources ni rivières, on est borné à l'eau de pluie, qu'on retient dans des réservoirs en forme de croissant. Chaque village a le sien, & lorsqu'ils sont pleins, on regarde la récolte comme assurée. Il y a plusieurs espèces de riz ; chacune se nomme différemment, selon le temps qu'elle est à murir. Le riz le plus tardif, est sept mois à croître ; il n'en faut que trois à celui qui vient le plus vîte. Ce dernier est le meilleur, mais il rapporte moins.

Les Chingulais ont quantité d'excellens fruits; mais ils en auroient beaucoup davantage, s'ils les aimoient assez pour donner quelque soin à leur culture. Ils s'attachent peu à ceux qui n'ont d'agréable que le goût, & qui ne sont pas propres à leur servir d'aliment lorsque le grain commence à leur manquer. Ainsi, les seuls arbres qu'ils plantent sont ceux qui produisent des fruits nourrissans. Les autres croissent d'eux-mêmes, tels que les orangers, les plus beaux peut-être qu'il y ait au monde, & dont les oranges sont les meilleures. Ce qui diminue encore les soins des habitans, c'est que dans tous les lieux où la nature fait croître des fruits délicats, les Officiers du pays attachent, au nom du Roi, une feuille autour de l'arbre, & font trois nœuds à l'extrémité de cette feuille, on ne peut alors y toucher sans s'expofer aux plus févères châtimens, & quelquefois même à la mort. Lorfque le fruit eft mûr, l'ufage eft de le porter dans un linge blanc au Gouverneur de la province, qui met le plus beau dans un autre linge, & l'envoie foigneufement à la cour fans qu'il en revienne rien au propriétaire. L'île produit d'ailleurs tous les fruits qui croiffent aux Indes; mais elle en a de particuliers, tels que le *nango*, qui eft commun aux environs de Columbo; le *jacks*, qui se nomme *polos* lorsqu'il commence à pousser, *cose* lorsqu'il est tout verd, & *ouracha* ou *vellas* dans sa maturité. Ce fruit, qui est d'un grand secours pour la nourriture du peuple, croît sur un fort grand arbre. Sa couleur est verdâtre; il est hérissé de pointes & de la grosseur d'un pain de huit livres. Sa graine, à laquelle on donne le nom d'œufs, est éparse comme les pepins dans une citrouille. On mange le jacks comme nous mangeons le chou, & son goût en approche. Un seul suffit pour rassasier six ou sept personnes. Il peut se manger crud lorsqu'il est mûr. Sa graine ressemble à la châtaigne par la couleur & le goût.

Le *jombo* est encore un fruit qu'on dit être particulier à cette île : il a le goût d'une pomme ; il est plein de jus, & n'est pas moins sain qu'agréable. Sa couleur est un blanc mêlé de rouge, qu'on prendroit pour l'ouvrage du pinceau. Entre les fruits sauvages qui viennent dans les bois, on distingue les *muvros*, qui sont ronds, de la grosseur d'une cerise, & dont le goût est très-agréable ; les *dongs*, qui ressemblent aux cerises noires ; les *ambellos*, qu'on peut comparer à nos groseilles; des *carallos*, des *cabellas* & des *poukes*, qui peuvent passer pour autant d'espèces de bonnes prunes; des *parragides*, qui ont quelque ressemblance avec nos poires.

L'île de Ceylan produit trois arbres dont les fruits, à la vérité, ne peuvent se manger, mais qui sont remarquables par d'autres utilités. Le premier, qui se nomme *tallipot*, est fort droit, & ne peut être comparé, pour la hauteur & la grosseur, qu'à un mat de vaisseau. Ses feuilles sont si grandes, qu'une seule peut couvrir quinze ou vingt hommes, & les défendre de la pluie ou du soleil. Elles se fortifient en séchant, sans cesser d'être souples & maniables. La nature ne pouvoit faire un présent plus convenable au pays. Quoique ces feuilles aient beaucoup d'étendue, lorsqu'elles sont vertes, elles peuvent être resserrées comme un éventail; & n'étant pas alors plus grosses que le bras, elles pèsent fort peu dans la main. Elles sont naturellement rondes; mais les Insulaires les coupent en pièces triangulaires dont ils se couvrent en voyageant, ayant toujours soin de mettre le bout pointu par devant, afin de s'ouvrir un passage à travers les buissons. Les soldats en font des tentes; mais comme elles sont fort dentelées & presque fendues, on est obligé de les coudre par les extrémités. On en couvre les maisons; enfin elles tiennent lieu de papier, ainsi que je vous l'ai déjà dit; on y trace des lettres avec un stilet de fer. Si l'on veut faire un livre, on les coupe en plusieurs pièces d'une même grandeur & d'une même forme. La longueur est tantôt d'un pied, tantôt d'un pied & demi ; mais la largeur n'est que d'environ trois doigts. On écrit sur ces livres de gauche à droite ; & quand ils sont remplis, on les attache à deux petites planches que l'on met des deux côtés, par le moyen de deux cordons qu'on passe au travers des feuilles qui composent le livre. Quand on veut lire, on lève la première planche, & ensuite chaque feuillet, qui demeure cependant toujours attaché à ses cordons. Pour de simples lettres ou des choses de peu de conséquence, on se sert d'une autre sorte de feuilles sur lesquelles il est plus facile d'écrire, mais qui ne sont pas propres à faire des livres.

Les feuilles du tallipot croissent au sommet de l'arbre comme celles du cocotier, mais il ne porte de fruit que l'année de sa mort. C'est une singularité d'autant plus remarquable, qu'alors uniquement il pousse de grandes branches, chargées de très-belles fleurs jaunes, d'une odeur très-forte, qui se changent en un fruit rond & dur, de la grosseur de nos belles cerises; mais ce fruit n'est bon que pour semer. Le tallipot ne porte donc qu'une seule fois, & il est si couvert de fruits & de graines, qu'un seul arbre suffit pour ensemencer toute une province. Cependant l'odeur des fleurs est si insupportable près des maisons, qu'on ne manque jamais d'y abattre ces arbres lorsqu'ils commencent à pousser des boutons ; d'autant plus que si on les coupe auparavant, on y trouve une fort bonne moëlle, qu'on réduit en farine pour faire des gateaux qui ont le goût du pain blanc. C'est encore une ressource pour les Insulaires lorsque le riz leur manque vers le temps de la moisson : on prétend que cette moëlle appliquée sur le ventre d'une femme enceinte, la fait accoucher sur le champ ; & que si elle y restoit trop longtemps, l'enfant tomberoit par morceaux ; mais je ne vous garantis point

point la vérité de cette propriété merveilleuse.

Le second arbre sur lequel s'est portée mon attention, c'est le *ketule*. Il est aussi droit que le cocotier, mais moins haut & beaucoup moins gros. Sa principale propriété consiste à rendre une espèce de liqueur qui se nomme *tellegie*, extrêmement douce, très-saine & très-agréable, mais sans aucune force. On la reçoit deux fois & trois fois par jour, des meilleurs arbres, qui en donnent jusqu'à douze pintes dans un seul jour. On la fait bouillir jusqu'à la réduire en consistance, & c'est alors une espèce de cassonade noire, que les habitans nomment *jaggory*. Avec un peu de peine, ils peuvent la rendre aussi blanche que le sucre, auquel d'ailleurs elle ne cède en rien en bonté. Voici la manière dont on tire cette liqueur.

Lorsque l'arbre est dans sa maturité, il pousse vers sa pointe un bouton qui se change en un fruit rond, & qui est proprement sa semence. Mais on ouvre ce bouton en y mettant divers ingrédiens, tels que du sel, du poivre, du citron, de l'ail & diverses feuilles qui l'empêchent de mûrir. Chaque jour on en coupe un petit morceau vers le bout, & la liqueur en tombe. A mesure qu'il mûrit & qu'il se fanc, il en croît d'autres plus bas chaque année, jusqu'à ce qu'ils gagnent la tête des branches ; mais alors l'arbre cesse de porter, & meurt après avoir subsisté huit ou dix ans. Ses feuilles ressemblent à celles du cocotier, & tiennent à une écorce fort dure & pleine de filets, dont on se sert pour faire des cordes. Elles tombent pendant tout le temps qu'il croît ; mais lorsqu'il est arrivé à sa grosseur, elles demeurent plusieurs années sur l'arbre sans tomber, & lorsqu'elles tombent, la nature ne lui en rend pas d'autres. Son bois, qui n'a pas plus de trois pouces d'épaisseur, sert comme d'enveloppe à une moelle fort blanche. Il est fort dur & fort lourd, mais sujet à se fendre de lui-même. La couleur en est noire, on le croiroit composé de pièces de rapport. Les Infulaires en font des pilons pour battre le riz.

Le troisième arbre est celui qui porte la canelle, & qui rend l'île de Ceylan si chère aux Hollandois. Il croît en divers endroits du monde, mais nulle part aussi bien qu'ici. Ce bois y est si commun, que le quintal n'y vaut que quarante sols; & si parfait dans son espèce, que l'odeur s'en répand à plusieurs lieues à la ronde. On le nomme dans le pays, *goronda-gouhah*; il croît dans les bois, comme les autres arbres; & ce qui doit paroître surprenant, les Chingulais n'en font pas plus de cas. On en trouve beaucoup dans diverses parties de l'île, surtout à l'ouest de la grande montagne de *Mavelagongue*; fort peu dans d'autres, & quelques-unes n'en portent pas du tout. Les canelliers les plus estimés se trouvent entre Pointe de Galle & Negombo, où l'on en rencontre des forêts qui remplissent un espace de dix à douze lieues. Elles sont si épaisses qu'on a peine à y pénétrer. La chaleur du climat & l'humidité de la terre en font germer la graine presqu'aussitôt qu'elle est tombée. Ces arbres poussent si facilement & si vîte, qu'il y a une loi qui oblige les habitans à en débarrasser les chemins. S'ils étoient quelques années à le faire, l'épaisseur des forêts empêcheroit toute communication.

Cet arbre est d'une grandeur médiocre : son écorce est ce qu'il y a de plus précieux ; c'est ce qui fait notre canelle. Elle est blanche quand on la ceuille ; ensuite elle devient rougeâtre après qu'on l'a exposée au soleil pour la durcir, & se met d'elle-même en rouleau. Les Insulaires ne la prennent que sur de petits arbres, quoique l'écorce des grands ait l'odeur aussi douce, & le goût de la même force. Le bois est blanc & comme le dur sapin. On s'en sert à toute sorte d'usages. Sa feuille ressemble à celle du laurier par la couleur & l'épaisseur, avec cette seule différence, que la feuille du laurier n'a qu'une côte droite, sur laquelle le verd s'étend des deux côtés, & que celles de la canelle en ont trois, par le moyen desquelles elles s'élargiffent. En commençant à pouffer elles ont la rougeur de l'écarlate; frottées entre les mains, elles ont l'odeur du clou de géroffle plus que celle de la canelle. Le fruit qui mûrit ordinairement au mois de Septembre, reffemble au gland, mais il eft plus petit. Il a moins d'odeur & de goût que l'écorce. On le fait bouillir dans l'eau pour en tirer une huile qui furnage, & qui étant congelée devient auffi blanche & auffi dure que le fuif. L'odeur en eft fort agréable. Les habitans s'en oignent le corps; ils en brûlent auffi dans leurs lampes;

mais on n'en fait des chandelles que pour le Roi.

On voit encore ici le *bogahas* qui ne porte aucun fruit, & que les Européens ont nommé *l'arbre-Dieu*, parce que les Chingulais le croient sacré, & lui rendent une sorte d'adoration. Cet arbre, dont les feuilles tremblent sans cesse comme celles du peuplier, est fort grand. Toutes les parties de l'île en offrent un grand nombre, que les Chingulais se font un mérite de planter, & sous lesquels ils allument des lampes & placent des images. On en trouve dans les villes & sur les grands chemins, la plupart environnés d'un pavé, qui est entretenu fort proprement. Ils ne sont remarquables que par la superstition qui les a fait planter.

LETTRE LXXIV.

Les Chingulais, Madame, n'ont ni médecins ni chirurgiens; je crois vous l'avoir déjà dit : mais ils ont une multitude d'herbes médicinales auxquelles ils attribuent les propriétés les plus merveilleuses. Leurs boutiques de pharmacie sont dans les bois. C'est-là qu'ils composent leurs médecines & leurs emplâtres avec des herbes, des feuilles & des écorces. Dans ma dernière lettre j'ai oublié de vous parler de la noix d'aréka dont ils font un grand usage. Cette noix, que l'on mâche avec la feuille de betel, vient sur un arbre assez semblable au coco par la hauteur & par la figure; mais la tige en est plus déliée & les feuilles plus courtes. Le fruit croît par pelotons comme les abricots. Il est oblong, de la grosseur d'une prune, blanchâtre & luisant; son écorce devient dure, serrée & rougeâtre; la chair qu'elle renferme est tendre, & son noyau contient une amande blanche que les Indiens préparent avec le betel.

C'est ici le lieu de vous parler de cette dernière plante, que les peuples de ces contrées mâchent continuellement. Elle est très-commune dans les Indes. C'est une espèce d'herbe qui rampe comme les pois & le houblon. On la plante ordinairement auprès de l'areka, auquel elle s'attache comme le lierre. Sa feuille semblable à celle du citronier, mais un peu plus longue, devient rougeâtre en se desséchant. Outre la noix avec laquelle on prépare le betel, on y mêle encore un peu de chaux faite avec des coquilles d'huîtres ou de moules. Rarement les particuliers se donnent la peine d'apprêter eux-mêmes le betel. Les grands ont sans cesse des domestiques auprès d'eux qui le leur apprêtent; les autres l'achetent tout préparé. On en trouve dans la plupart des boutiques, à tous les coins des rues, & même sur les grands chemins.

On vend les feuilles apprêtées par paquets, qu'on achette par douzaine à un prix très-modique. Les Indiens de tout sexe, de tout âge, de tout état, en mangent en tout lieu, à toute heure, & plus fréquemment que nous ne prenons du tabac; on ne les voit presque jamais sans avoir du betel dans la bouche. Dès qu'on entre dans une maison, ou pour affaire ou pour visite, on en apporte, & l'on en présente à la compagnie. On prétend qu'il rend l'haleine douce, qu'il affermit les gencives, qu'il nétoye & fortifie l'estomac. Les Chingulais lui attribuent leur bonne santé & leur longue vie. Ce qu'il y a de sûr, c'est qu'il procure

procure une salivation abondante, & rend les dents fort noires. C'est pour cette dernière raison, sans doute, qu'il est peu d'Européens qui puissent ou qui veuillent s'y accoutumer : il en est même plusieurs à qui il fait mal au cœur, d'autres qu'il enivre, mais cette yvresse n'est pas dangereuse.

Les vallées & les collines de Ceylan sont en tout temps couvertes de belles fleurs sauvages, qu'un peu de culture ne manqueroit pas d'embellir ; sur-tout les fleurs odoriférantes, dont les jeunes gens des deux sexes ornent & parfument leurs cheveux. Les roses rouges & blanches ont l'odeur des nôtres. Mais de toutes les fleurs, celle qui mérite le plus d'attention, c'est la *sindriemal*, qui croît dans les bois, & que son utilité fait transporter dans les jardins. Sa couleur est rouge ou blanche. Elle s'ouvre sur les quatre heures après midi ; & demeurant épanouie jusqu'au matin, elle se ferme alors pour ne s'ouvrir qu'à quatre heures. C'est une sorte d'horloge qui sert à faire connoître l'heure dans l'absence du soleil.

Le *pichamauls* est une fleur blanche dont l'odeur rappelle celle du jasmin. On en apporte au Roi chaque matin un bouquet enveloppé dans un linge blanc, & suspendu à un bâton. Ceux qui le rencontrent en chemin, sont obli-

CEYLAN. 111

gés de se détourner par respect, ou peut-être dans la crainte qu'ils ne l'infectent de leur haleine. Quelques Officiers tiennent des terres du Roi pour ce service, & leur charge les obligeant de planter ces fleurs dans les endroits où elles croissent le mieux, ils ont le droit de choisir le terrein qui est de leur goût, sans examiner à qui il appartient.

Maintenant, Madame, je vais passer au règne animal; il n'offre pas des choses moins singulières ni moins intéressantes que le règne végétal, & j'espère que vous y trouverez également de quoi satisfaire votre curiosité.

D'abord ce pays renferme toutes

les différentes espèces d'animaux que nous connoissons en Europe, à l'exception toutefois de la brebis. La volaille, le gibier & le poisson de toute espèce, y sont en abondance; & je ne connois point de lieu qui réunisse en plus grande quantité & à plus vil prix, tout ce que l'Europe & l'Asie produisent de plus fin & de plus délicat pour le service de la table. Je ne parlerai point des éléphans : on sait que ceux de Ceylan sont les plus estimés, non-seulement à cause de leur prodigieuse grosseur & de la beauté de leur ivoire, mais principalement pour leur adresse. On dit avoir remarqué que ceux des autres pays les reconnoissent

& les saluent. On ne s'en sert ici que pour lever & porter les fardeaux. L'éléphant prend la corde avec sa trompe & ses dents; il la tire, l'entortille, jette la charge sur son dos & part. Les gens commis à la garde de ces animaux, m'ont souvent donné un spectacle amusant : ils commandoient à un éléphant de prendre de l'eau dans sa trompe & de la jetter sur les personnes qu'ils lui désignoient. En conséquence il répandoit quelquefois un seau d'eau, & la lançoit d'une telle force, qu'un homme avoit peine à en soutenir le choc, sans être renversé. Il est des temps où les éléphans mâles ont une infirmité qui les rend enragés. Personne alors ne peut les gouverner; mais on en est ordinairement averti par une espèce d'huile qui leur coule de la joue; & d'abord on les attache par les jambes à de gros arbres. On vend aussi cher un éléphant de Ceylan, que quatre d'un autre pays.

On trouve une infinité de singes dans les bois, & il y en a plusieurs qui ne peuvent être comparés à ceux des autres pays, surtout ceux qu'on appelle *hommes sauvages*. Ils ont presque la taille & la figure d'un homme, & paroissent tenir de son intelligence. Ils n'ont de poil qu'au dos & sur les reins. Ils sont agiles, forts & hardis; se mettent en défense contre les chasseurs, & sont si passionnés pour les femmes, qu'elles ne peuvent en sûreté passer dans les bois qu'ils habitent. On apprivoise aisément ces Sylvains; on les dresse à marcher sur les pieds de derrière, à se servir des pattes de devant pour rincer des verres, verser à boire, tourner la broche, & rendre une infinité d'autres petits offices. Il y en a qui ont le poil gris, le visage noir, & de longues barbes blanches d'une oreille à l'autre ; ce qui les feroit prendre pour des vieillards. D'autres, avec la barbe, ont le corps & le visage blanc ; d'autres la face blanche sans barbe, mais avec de longs cheveux sur la tête, qui tombent comme ceux d'un homme.

Les petits perroquets verds sont ici en très-grand nombre, & ne peuvent apprendre à parler; mais le *malerouda* & le *camonda*, deux autres oiseaux de la grosseur d'un merle, dont le premier est noir, & l'autre d'un beau jaune d'or, l'apprennent très-facilement. Les bois & les champs sont remplis de plusieurs sortes de petits oiseaux remarquables par la variété & l'agrément de leur plumage. Leur grosseur est celle de nos moineaux. On en voit de blancs comme la neige, qui ont la queue d'un pied de long & la tête noire, avec une touffe de plumes qui les couronne. D'autres qui ne diffèrent qu'en couleur, sont rougeâtres comme une orange mûre, & couronnés d'une touffe noire. L'oiseau qu'on nomme *carlo* ne se pose jamais à terre, & se perche toujours sur les plus hauts arbres. Il est aussi gros qu'un cygne, de couleur noire, les jambes courtes, la tête d'une prodigieuse grosseur; le bec rond, avec du blanc des deux côtés de la tête, qui lui forme comme deux oreilles, & une crête blanche de la figure de celle d'un coq.

Les insectes sont ici très-variés & très-multipliés. J'ai vu des fourmis qui ont le corps blanc & la tête rouge; dans les endroits inhabités, elles forment des montagnes de cinq à six pieds de haut. La terre en est si fine que le peuple en fabrique ſes idoles, & ſi bien liée, qu'on a de la peine à renverſer ces habitations. L'intérieur eſt percé de routes, peuplées de fourmis. Ces inſectes acquièrent des aîles, & pour lors ils s'élèvent en l'air en ſi grande quantité, qu'ils obſcurciſſent le ſoleil. On les perd bientôt de vue; car ils ne ceſſent de voler que lorſqu'ils tombent morts.

Je ne me repréſente pas ſans frayeur, une groſſe araignée de Ceylan, nommée *democulo*. Cette araignée eſt longue, noire, velue, tachetée & luiſante. Elle a le corps de la groſſeur du poing & les pieds à proportion. Elle ſe cache ordinairement dans le creux des arbres,

& dans d'autres trous. Rien n'eſt plus venimeux que cet inſecte. Sa bleſſure n'eſt pas mortelle ; mais la qualité de ſon venin trouble l'eſprit & fait perdre la raiſon. Les beſtiaux ſont ſouvent mordus ou piqués de cet animal monſtrueux, & meurent ſans qu'on puiſſe y rémédier. Les hommes trouvent du ſecours dans leurs herbes & leurs écorces, lorſqu'ils emploient promptement cette reſſource.

On voit dans le pays une ſorte de ſangſues noirâtres qui vivent ſous l'herbe, & qui ſont fort incommodes aux voyageurs qui vont à pied. Elles ne ſont pas d'abord plus groſſes qu'un crin de cheval, mais en croiſſant elles deviennent de la grosseur d'une plume d'oie, & longues de deux ou trois pouces. Lorsqu'il pleut, toutes les campagnes en sont couvertes, & les plus petites sont les plus à craindre. On ne peut faire un pas dans les bois qu'on n'en soit attaqué. Elles montent aux jambes & aux cuisses, & s'y attachent si fort qu'on ne peut leur faire quitter prise que lorsqu'elles regorgent de sang. Après le voyage on se frotte les jambes avec de la cendre, ce qui n'empêche pas qu'elles ne continuent de saigner long-temps, mais on regarde ces morsures comme salutaires. On voit aussi des sangsues d'eau qui ressemblent aux nôtres,

Un pays chaud, pluvieux & rempli d'étangs & de bois, ne sauroit manquer de produire un grand nombre de serpens. Les plus dangereux sont les plus rares. Les uns par leur morsure font tomber dans un profond sommeil ; & l'on meurt en peu de temps. D'autres excitent un transport de furie suivi d'une prompte mort. Mais le plus terrible de tous est celui dont le venin est si violent que dès qu'un homme en est piqué, le sang lui sort par tous les pores, sans qu'il y ait de remède. Il n'est pas plus gros qu'une corde de violon, & on prétend qu'il tire hors de la tête les yeux de ceux qu'il attaque.

Ce que je vais vous dire d'un

autre de ces reptiles, vous paroîtra incroyable. Il se perche sur un arbre, s'élance sur l'animal qu'il voit passer. Dans quelque endroit qu'il s'attache, la chair tombe par morceaux, & l'animal blessé demeure immobile, le venin agissant toujours intérieurement, sans qu'il en paroisse presque rien au dehors. Quelques curieux ayant ouvert des animaux que ce serpent avoit tués, leur ont trouvé la chair hachée & pourrie, quoique la peau parût saine & entière.

Celui que les habitans nomment *simberah*, est de la grosseur d'un homme & d'une longueur proportionnée. Sa pesanteur l'empêche d'aller fort vîte; mais il se cache dans les sentiers ; & il arrête les daims & les genisses avec une espèce d'aiguillon qu'il porte à l'extrêmité de la queue. Telle est la capacité de son ventre qu'il avale quelquefois un chevreuil entier dont les cornes lui crevent la peau & le tuent lui-même. Le *palonga* n'a que cinq ou six pieds de longueur; mais son venin est fort dangereux, sur-tout pour les bestiaux. On m'en a montré de deux sortes, l'une verte & l'autre d'un gris rougeâtre tacheté de blanc.

Le *noya* est grisâtre & n'a pas plus de quatre pieds de longueur. Il tient quelquefois la moitié de son corps elevée pendant deux ou trois heures, ouvrant sa gueule entière, au-dessus de laquelle on croit lui voir une paire de lunettes. Cependant il n'est pas nuisible, & par cette raison les Indiens lui donnent le nom de *noya rodgerah*, qui signifie *serpent-royal*. Lorsqu'il rencontre le *polonga*, ils commencent un combat qui ne finit que par la mort de l'un ou de l'autre. Le *caroula*, long d'environ deux pieds & fort venimeux, se cache dans les trous & les couvertures des maisons, où les chats lui donnent la chasse & le mangent. Les *gerendes* sont en grand nombre, mais sans venin, & ne font la guerre qu'aux œufs des petits oiseaux. L'*hiecanella* est une sorte de lezard venimeux, qui se cache dans le chaume des maisons; mais qui n'attaque pas les hommes s'il n'est provoqué.

Voilà, Madame, ce qui m'a paru le plus digne d'attention dans le règne animal. Quant au règne minéral, l'île de Ceylan a plusieurs sortes de pierres précieuses; mais le Roi qui en possède un fort grand nombre ne permet pas qu'on en cherche de nouvelles. Dans les lieux où l'on sait qu'elles se trouvent, il fait planter des pieux pointus, qui menacent ceux qui en approchent d'être empalés vifs. On tire de plusieurs rivières des rubis, des saphirs & des yeux de chat pour ce Prince. On m'a fait voir encore plusieurs petites pierres transparentes de diverses couleurs, dont quelques-unes font de la groffeur d'un noyau de cerife & d'autres plus groffes. Le fer & le criftal font communs dans l'île, & les habitans font de l'acier de leur fer. Ils ont auffi du foufre; mais le Roi défend qu'on le tire des mines. Ils ont quantité d'ébène, beaucoup de bois à bâtir, de la mine de plomb, des dents d'éléphant, du mufc, du coton, de la cire, de l'huile, du riz, du fel, du poivre qui croît fort bien, & qu'ils recueilleroient en abondance s'ils avoient occafion de s'en défaire. Mais les marchandifes qui font véritablement propres au pays, font la canelle & le miel fauvage.

Par cette énumération, vous voyez, Madame, que la nature s'est montrée assez libérale envers les habitans de cette contrée : il ne manqueroit à leur bonheur que de vivre sous un autre gouvernement, & d'être affranchis des préjugés qui les dégradent; mais qu'il est peu de nations, même parmi les plus civilisées, où l'on n'ait pas les mêmes vœux à former ! par-tout il semble que les hommes se soient plu à contrarier les intentions de la nature. Cette lettre est probablement la dernière que je vous écrirai de ce pays-ci. Je compte partir incessamment pour les Maldives, d'où je continuerai à vous faire part de mes observations.

LETTRE LXXV.
De Malé.

ME voici, Madame, dans la capitale des îles Maldives : quoique je ne les aye pas toutes parcourues, je vais essayer de vous en donner une idée générale. Ces îles, que leurs habitans nomment *Maléraqué*, commencent à huit degrés de latitude du nord, & finissent à quatre degrés du sud ; ce qui fait en longueur, une étendue d'environ deux cens lieues, quoiqu'elles n'en aient que trente ou trente-cinq de largeur. Leur distance de la terre ferme, c'est-à-dire, du cap *Commorin* de Ceylan & de Cochin, est de cent cinquante lieues.

Les Maldives sont divisées en treize provinces qu'on appelle *Attollons*, division qui est l'ouvrage de la nature, car chaque Attollon est séparé des autres, & contient quantité de petites îles. C'est un spectacle singulier que de voir chacun de ces Attollons environné d'un grand banc de pierre. Ils sont presque ronds ou de figure ovale, dans une circonférence d'environ trente lieues, & s'entresuivent du nord au sud sans se toucher ; ils sont séparés par des canaux de plus ou moins de largeur. Du centre d'un Attollon, on voit autour de soi le banc de pierre qui l'environne, & qui défend les îles contre l'impétuosité de la mer. Les vagues s'y brisent avec tant de fureur, que le pilote le plus hardi n'en approche pas sans effroi. On assure parmi les habitans, que le nombre des îles, dans les treize Attollons, monte jusqu'à douze mille; & le Roi des Maldives prend le titre de *Sultan des treize provinces, & des douze mille îles ;* mais je crois qu'il faut entendre par ce nombre, une multitude qui ne peut être comptée, d'autant plus qu'une grande partie de ce qui porte le nom d'îles n'offre que de petites mottes de sable inhabitées, que les courans & les grandes marées rongent & emportent tous les jours. Il y a beaucoup d'apparence que toutes ces petites îles, & la mer qui les sépare ne sont qu'un banc continuel, à moins qu'on ne pense que c'étoit anciennement une seule île que la violence des flots a, pour ainsi dire, découpée. Les canaux intérieurs sont tranquilles, & l'eau n'y a pas plus de vingt brasses dans sa plus grande profondeur. On voit presque par-tout le fond qui est de pierre de roche & de sable blanc. Dans la basse marée, on passeroit d'une île & même d'un Attollon à l'autre, sans être mouillé plus haut que la ceinture, & les habitans n'auroient pas besoin de bateaux pour se visiter, si deux raisons ne les obligeoient de s'en servir; l'une est la crainte des *paimons*, espèce de grands poissons qui brisent les jambes aux hommes & qui les dévorent. L'autre est le danger de se briser entre des rochers aigus & fort tranchans.

Quoique les Attollons soient séparés entr'eux par des canaux, on n'en compte que quatre où les grands navires puissent passer, & le péril ne laisse pas que d'y être extrême pour ceux qui n'en connoissent pas les écueils. Les habitans ont des cartes marines où les rochers & les basses sont exactement marqués. Ils se servent aussi de boussoles dans ces grands canaux. Le premier est au nord, le second est entre Paladon & Malé; il est d'environ sept lieues, & l'eau de la mer y paroît aussi noire que de l'encre, quoique elle

elle ne diffère pas de toute autre, lorsqu'elle est puisée dans un vase. On la voit continuellement bouillonner comme de l'eau qui seroit sur le feu ; & le mouvement des flots y étant ordinairement fort léger, ce spectacle cause une sorte d'horreur aux Insulaires mêmes. Le troisième canal est au-delà de Malé, mais vers le. sud. Le quatrième, qui est celui de Sonadou, & qui n'a pas moins de vingt lieues de largeur, est directement sous la ligne. En général, le plus sûr de ces quatre passages a ses dangers. Aussi s'efforce-t-on de fuir les Maldives lorsqu'on n'y est point appelé nécessairement ; mais elles sont si longues & leur situation est telle, qu'il est difficile de les éviter, surtout dans les calmes & les vents contraires, où les navires ne pouvant bien s'aider de leurs voiles, y sont entraînés par les courans.

A l'égard des canaux de chaque Attollon, quoique la mer y soit toujours tranquile, les basses & les rochers y rendent la navigation si dangereuse, que les habitans même ne s'y exposent jamais pendant la nuit. Le nombre des barques y est infini pendant le jour, mais l'usage est de prendre terre le soir; ce qui n'empêche pas que les naufrages n'y soient fréquens, malgré l'habileté des Insulaires, qui sont peut-être la nation du monde la plus exercée aux fatigues de la mer. Les ouvertures des Attollons ont peu de largeur, & chacune est bordée de deux îles qui pourroient être aisément fortifiées. La plus large de ces entrées n'a pas plus de deux cens pas. Le plus grand nombre en a trente ou quarante ; & par une disposition admirable de la nature, chaque Attollon a quatre ouvertures, qui répondent presque directement à celles des Attollons voisins, d'où il arrive qu'on peut entrer & sortir par les unes ou les autres, de toute sorte de vents, & malgré l'impétuosité ordinaire des courans.

Ces détails vous paroîtront peut-être un peu arides, Madame ; mais j'ai cru qu'ils étoient nécessaires pour vous faire connoître la position singulière de ces îles. On ignore en quel temps & par quels peuples elles furent d'abord habitées : mais comme on y professe la religion Mahométane, on conjecture que les Maldivois sont une colonie d'Arabes qui s'établit dans ces îles dès le temps de leurs excursions dans l'Inde. Les Portugais y entrèrent au commencement du seizième siècle, l'épée & le crucifix à la main. Ils y portèrent le joug de leur domination, & leurs Missionnaires celui de l'évangile. Le Roi du pays, qui porte le titre de *Rasquan*, embrassa le christianisme & fut dépouillé de ses états. Les Portugais lui persuadèrent de quitter son royaume pour aller recevoir le baptême à Cochin ; & sous prétexte de le défendre contre des sujets qui avoient voulu imiter son exemple, ils le retinrent dans une terre étrangère, & se rendirent maîtres de son propre pays. Aidés de quelques corsaires Malabares, les Maldivois secouèrent la domination Portugaise, & élurent un nouveau Roi, qui voulut bien se charger de payer à son prédécesseur une pension que ce dernier partagea avec les Portugais : il paroît cependant qu'il n'étoit guère tenu à la reconnoissance vis-à-vis d'eux.

Les Maldivois essuyèrent une autre révolution au commencement du dernier siècle. Des corsaires de Bengale firent une descente dans leurs îles, les pillèrent, tuèrent le Rasquan, & laissèrent ce royaume dans une affreuse désolation. Des guerres intestines pour la succession à la couronne, y causèrent de nouveaux troubles, qui furent enfin appaisés par l'élection d'un autre Rasquan. Le calme règne actuellement dans ces îles.

Le Roi fait sa résidence à Malé. Cette île a plus d'une lieue de circuit. Ses maisons sont en partie séparées par des rues, & en partie jettées au hasard. Celles du peuple sont bâties de bois de cocotier, & couvertes de feuilles. Celles des personnes riches sont en pierre ;

& le palais du Roi rénferme de vastes logemens, accompagnés de cours & de jardins. Des tapisseries de Bengale ornent les murs des appartemens ; des nattes superbes en couvrent le parquet, & dans ce canton isolé on ne laisse pas que de trouver une sorte de magnificence.

La plupart de ces îles sont entièrement désertes, & ne produisent que des arbres & de l'herbe. D'autres n'ont aucune verdure & sont de pur sable mouvant, dont une partie est sous l'eau dans les grandes marées. Il en est toutefois dans lesquelles on trouve beaucoup de cocotiers. Les habitans tirent tout le parti possible de cet arbre utile qui fert à leur nourriture, à leur boiſſon, à leur habillement, à la conſtruction des maiſons, des navires, &c. Le riz que mangent les Maldivois vient de Bengale; mais ils en conſomment peu, car le poiſſon qu'ils ont en abondance, leur fert de principal aliment. On y trouve auſſi de groſſes écreviſſes de mer, & une ſorte d'oiſeaux très-communs, qu'on appelle des *pingouins* : ce ſont des eſpèces d'oies qui ont le dos noir, le ventre blanc, & dont la chair eſt d'un aſſez bon goût, quoique ces Inſulaires en faſſent peu de cas. Ils aiment mieux une certaine racine extrêmement groſſe, qu'ils aſſaiſonnent de différentes manières. Les autres productions de ces îles font des grenades, & un figuier extraordinaire, dont les feuilles ressemblent à celles du noyer. On tire de son fruit une huile noire, qu'on emploie à graisser les bateaux, au lieu de suif ou de poix.

J'ai vu aux Maldives deux autres plantes singulières, dont l'une est appelée *fleur du soleil*, & l'autre *plante mélancolique*. La première ne s'ouvre qu'au lever de l'astre dont elle porte le nom, & ne se ferme qu'à son coucher. La seconde, au contraire, ne s'épanouit que lorsque le soleil se couche, & ses feuilles ne se referment que lorsqu'il se leve. Il coule de cette fleur une eau salutaire qui guérit le mal des yeux : les Princes d'Orient en font un grand usage. Les Portugais se servent de cette fleur en guise de saffran. Ils estiment aussi beaucoup une sorte de noix grosse comme la tête, qu'ils appellent *coco des Maldives*, qui se trouve sur le rivage de l'Océan, & dont on vante les vertus médicinales. Les Maldivois ont une autre espèce d'arbre extrêmement léger, qu'ils appellent *candon*, & avec lequel ils tirent de la mer de grosses pierres pour bâtir leurs maisons. Ils attachent à la masse qu'ils veulent enlever du fond de l'eau, un ou plusieurs morceaux de ce bois, selon le volume de la pierre. L'extrême légèreté du candon lui fait faire des efforts pour regagner le dessus de l'eau : la masse lourde à laquelle il est uni, suit la même impression ; & les Maldivois, hommes & femmes, qui plongent & nagent parfaitement, la soulèvent, la poussent & la conduisent ainsi jusqu'au rivage. Ils usent du même expédient à l'égard du canon ou des ancres de vaisseaux qui ont été submergés. Une autre propriété du bois de candon, c'est qu'il s'enflamme quand on en frotte un morceau contre un autre. Les habitans qui n'ont ni mèche ni fusil n'emploient que cet expédient quand ils veulent allumer du feu.

Quoique ces îles soient voisines de l'équateur, les chaleurs n'y sont cependant pas insupportables ; les nuits, toujours égales aux jours, sont très-fraîches, & les grandes rosées qui ne manquent jamais de précéder le lever du soleil, contribuent encore à tempérer ses ardeurs; mais la qualité de l'air y est malsaine, sur-tout pour les étrangers. L'hiver commence au mois d'Avril & dure six mois; il est sans gelée, mais continuellement pluvieux. Les vents sont alors d'une extrême impétuosité du côté de l'ouest; au contraire, il ne pleut jamais pendant les six mois de l'été & les vents soufflent de l'est.

LETTRE LXXVI.

ON remarque, Madame, une grande différence entre les Maldivois qui habitent du côté du nord, & ceux qui sont au sud : ceux-ci ont plus de grossiéreté dans leurs manières & dans leur langage : on y voit encore des femmes qui n'ont pas honte d'être nues, ou qui ne portent qu'une seule petite toile dont elles se couvrent le milieu du corps; mais du côté du nord les usages diffèrent peu de ceux des Indes, & la civilité n'y est pas moins établie. C'est-là que toute la noblesse fait sa demeure, & que le Roi lève ordinairement sa milice. Il est vrai qu'on peut en apporter pour raison le commerce avec les étrangers qui a toujours été plus fréquent dans cette partie, & le passage des navires qui, tout-à la-fois, enrichit & civilise le pays; mais en général le peuple des Maldives est spirituel, industrieux, porté à l'exercice des arts, capable même des sciences dont il fait beaucoup de cas, surtout de l'astronomie qu'il cultive soigneusement. Il est courageux, propre aux armes, ami de l'ordre & de la police. Les femmes sont belles; & quoique le plus grand nombre soit de couleur olivâtre, il s'en trouve d'aussi blanches qu'en Europe.

Tous les habitans de l'un & de

l'autre sexe ont les cheveux noirs, & regardent cette couleur comme une beauté. Les filles ne portent jusqu'à l'âge de huit ou neuf ans qu'un petit pagne qui met l'honneteté à couvert; & les garçons ne commencent aussi à se vêtir qu'à l'âge de sept ans, c'est-à-dire, après qu'ils ont été circoncis. L'habillement commun des Maldivois est une sorte de haut de chausse, ou de caleçon de toile qui leur prend depuis la ceinture jusqu'au dessous des genoux, & par-dessus lequel ils portent un pagne de soie ou d'autre étoffe orné diversement suivant les degrés du rang ou de la richesse. Le reste du corps est nu. L'habit des femmes est fort différent de celui des hommes. Elles portent de véritables robes d'une étoffe légère de foie ou de coton, & la bienséance établie les oblige de se couvrir soigneusement le sein. Il n'y a point de barbiers publics aux Maldives. Chacun se fait le poil avec des rasoirs d'acier, ou des ciseaux de cuivre & de fonte. Quelques-uns se rendent mutuellement ce service. Le Roi & les principaux Seigneurs se font raser par des gens de qualité qui se font un honneur de cette fonction, sans en retirer aucun salaire: mais leur superstition est extrême pour les rognures de leur poil & de leurs ongles. Pour n'en rien perdre, ils les enterrent dans leurs cimetières avec beaucoup de foin. C'est une partie d'eux-mêmes, qui demande, disent-ils, la sépulture comme le corps. La plupart vont se raser à la porte des mosquées.

La langue commune des Maldives est particulière à ces îles, mais plus grossière & plus rude dans les attollons du sud, quoiqu'elle y soit la même. L'arabe s'apprend dès l'enfance comme le latin en Europe. Ceux qui ont des liaisons de commerce avec les étrangers parlent les langues de Camboye, de Guzurate, de Malaca, & même le portugais.

La religion des Maldives est le pur mahométisme, avec toutes ses fêtes & les cérémonies. Chaque île a ses temples & ses mosquées. Ceux qui ont fait le voyage de la Mecque & de Médine, reçoivent des marques particulières d'honneur & de respect, quelque vile que soit leur naissance, & jouissent de divers privilèges. On les nomme *Agis*, c'est-à-dire, saints; & pour être reconnus, ils portent des pagnes de coton blanc, & de petits bonnets ronds de la même couleur, avec une sorte de chapelet qui leur pend à la ceinture. Les Maldivois ont encore quelques superstitions qui leur sont particulières. Par exemple, ils n'apprêteroient point une volaille sans l'avoir premièrement écorchée. Ils ne mangeroient point la chair d'un animal qui auroit été tué par un célibataire. Il faut que celui qui se charge de cette opération ait eu des enfans, & que ce soit d'ailleurs une personne expérimentée.

L'éducation des enfans est un des principaux objets de la législation dans toutes ces îles. Aussitôt qu'un enfant est né, on le lave dans de l'eau froide six fois le jour; après quoi on le frotte d'huile; & cette pratique s'observe long-temps. Les mères doivent nourrir leurs enfans de leur propre lait, sans en excepter les reines. On ne les enveloppe d'aucuns langes. Ils sont couchés nuds & libres dans des petits lits de corde suspendus en l'air, où ils sont bercés par des esclaves. Cependant on n'en voit pas de contrefaits, & dès l'âge de neuf mois, ils commencent à marcher. Ils reçoivent la circoncision à sept ans ; à neuf, on doit les appliquer aux études & aux exercices du pays. Ces études sont d'apprendre à lire & à écrire, & d'acquérir l'intelligence de l'alcoran. On leur enseigne trois sortes de lettres : l'arabique avec quelques lettres & quelques points qu'ils y ont ajoutés pour exprimer les mots de leur propre langue ; une autre dont le caractère est particulier à la langue des Maldives ; & une troisième qui est en usage dans l'île de Ceylan, & dans la plus grande partie des Indes. Ils écrivent leurs leçons sur de petits tableaux de bois qui sont blanchis ; & lorsqu'ils la savent par cœur, ils effacent ce qu'il ont écrit, & reblanchissent leurs tables. Ce qui doit durer est écrit sur une sorte de parchemin, composé des feuilles d'un arbre qui se nomme *Macarequeau*. Ces feuilles ont une brasse & demie de long sur un pied de large. Ils en font des livres, qui résistent mieux au temps que les nôtres. Pour épargner le parchemin en montrant à écrire aux enfans, ils ont des planches de bois fort polies, sur lesquelles ils étendent du sable pour y former des lettres qu'ils font imiter à leurs élèves, & qu'ils effacent à mesure qu'elles ont été copiées. Quoique le temps des études soit borné, il se trouve parmi eux des particuliers qui les continuent, sur-tout celle de l'alcoran & des cérémonies de leur religion. Les mathématiques ne sont pas moins cultivées. Ils s'attachent principalement à l'astrologie ; & leur superstition va si loin en ce genre, qu'ils n'entreprennent rien sans avoir consulté leurs astrologues. Le Roi entretient à sa Cour un grand nombre de ces mathématiciens, & se conduit souvent par leurs lumières, ou plutot par leurs rêveries.

LETTRE LXXVII.

LE gouvernement des Maldives, Madame, est royal & fort ancien; mais quoique l'autorité du Roi soit absolue, elle est exercée généralement par les Prêtres. La division naturelle des treize attollons forme celle du gouvernement. On en a fait treize provinces, dont chacune a son chef qui porte le titre de *Naïbe*. Ces Naïbes sont des Docteurs de la Loi qui ont l'intendance de tout ce qui appartient, non-seulement à la religion, mais encore à l'exercice de la justice. Chaque île qui contient plus de quarante & un habitans, est gouvernée par un autre Docteur qui se nomme Catibe, & qui a sous lui les Prêtres particuliers des mosquées. Leurs revenus consistent dans une sorte de dixme qu'ils levent sur les fruits & dans certaines rentes qu'ils reçoivent du Roi, suivant leur degré ; mais l'administration principale est entre les mains des Naibes. Ils sont les seuls juges civils & criminels. Leur emploi les oblige de faire quatre fois l'année la visite de leur attollon. Ils ont néanmoins un supérieur qui fait sa résidence continuelle dans l'île de Malé, & qui ne s'éloigne jamais de la personne du Roi. Il est distingué par le titre de *Pandiaire*. C'est tout-à-la-fois le chef de la religion, & le juge souverain du royaume. On appelle à son tribunal de la sentence des Naibes. Cependant il ne peut porter de jugement dans les affaires importantes, sans être assisté de trois ou quatre graves personnages qui se noment *Mocouris*, & qui savent l'alcoran par cœur. Ces *Mocouris* sont au nombre de quinze & forment son conseil. Le Roi seul a le pouvoir de réformer les jugemens de ce tribunal : lorsqu'on lui en fait quelques plaintes, il examine le cas avec six de ses principaux Officiers qui se nomment *Moscoulis*, & la décision est exécutée sur-le-champ. Les parties plaident elles-mêmes leur cause. S'il est question d'un fait, on produit trois témoins, sans quoi l'accusé est cru sur le serment qu'il prête en touchant de sa main le livre de la Loi. Il est rigoureusement défendu aux Juges d'accepter le moindre salaire, même à titre de présent ; mais ces sergens qui se nomment *Devanits*, ont droit de prendre la douzième partie des biens contestés. Un esclave ne peut servir de témoin devant les tribunaux, & le témoignage de trois femmes n'est compté que pour celui d'un homme.

Les esclaves sont ceux qui se vendent volontairement, ou ceux que la Loi réduit à cette condition, pour n'avoir pu payer leurs dettes, ou des étrangers amenés & vendus en cette qualité. Le naufrage ne donne aucun droit aux infulaires fur la liberté des étrangers. Malgré l'humanité de cette loi, le fort des efclaves eft fort dur aux Maldives. Ils ne peuvent prendre qu'une femme quoique toutes les perfonnes libres puiffent en avoir trois. Ceux qui les maltraitent ne reçoivent que la moitié du châtiment que les Loix impofent pour avoir maltraité une perfonne libre. L'unique falaire de leurs fervices eft leur nourriture & leur entretien. Ceux qui deviennent efclaves de leurs créanciers ne peuvent être vendus pour fervir d'autres maîtres; mais après leur mort, le créancier fe faifit de tout ce qu'ils peuvent avoir acquis; & s'il reste à payer quelque chose de la dette, les enfans continuent d'être esclaves, jusqu'à ce qu'elle soit entièrement acquittée.

A l'égard des crimes, il faut que l'offensé se plaigne, pour s'attirer l'attention de la justice ; & que les délits soient dénoncés formellement pour être punis. Si les enfans sont en bas âge lorsque leur père est tué par quelque meurtrier, on attend qu'ils aient atteint l'âge de seize ans, pour savoir d'eux-mêmes s'ils veulent être vengés par la justice. Dans l'intervalle, celui qui est connu pour l'auteur du meurtre est condamné seulement à les nourrir & à leur faire apprendre quelque métier. Lorsqu'ils arrivent à l'âge réglé, il dépend d'eux, ou de demander justice, ou de pardonner au coupable, sans que dans la suite il puisse être recherché. Les peines ordinaires sont le bannissement dans quelque île déserte du sud, la mutilation de quelque membre, ou le fouet qui est le châtiment le plus commun & le plus cruel : le plus souvent on en meurt. C'est le supplice ordinaire des grands crimes, tels que la sodomie, l'inceste & l'adultère. On coupe le doigt aux voleurs, lorsque le vol est considérable.

La nation est distinguée en quatre ordres, dont le premier comprend le Roi, & tout ce qui lui touche par le sang, les Princes des anciennes races royales, & les grands Seigneurs. Le second ordre est celui des dignités & des offices que le Roi seul a le pouvoir de distribuer, & dans lequel les rangs sont fort soigneusement observés. Le troisième est celui de la noblesse, & le quatrième celui du peuple. Comme la noblesse ne doit ses distinctions qu'à la naissance, c'est par elle qu'il est naturel de commencer. Outre les nobles d'ancienne race, dont quelques-uns font remonter leur origine jusqu'aux temps fabuleux, le Roi est toujours libre d'ennoblir ceux qu'il veut honorer de cette faveur. Il accorde des lettres, dont la publication se fait dans l'île de Malé, au son d'une sorte de cloche, qui est une plaque de cuivre, sur laquelle on frappe avec un marteau. Le nombre des nobles est fort grand : ils sont répandus dans toutes les îles. Les personnes du peuple, sans en excepter les plus riches marchands, qui n'ont pas obtenu la noblesse, ne peuvent s'asseoir avec un noble, ni même en sa présence, lorsqu'il se tient debout. Ils doivent s'arrêter lorsqu'ils le voient paroître, le laisser passer devant eux ; & s'ils étoient chargés de quelque fardeau, ils sont obligés de le mettre bas. Les femmes nobles quoique mariées avec un homme du peuple, ne perdent pas leur rang, & communiquent la noblesse à leurs enfans. Celles de l'ordre populaire, qui épousent un homme noble, ne sont pas ennoblies par leur mariage, quoique les enfans qui viennent d'elles participent à la noblesse de leur père. Ainsi chacun demeure dans l'ordre où il est né, & n'en peut sortir que par la volonté du souverain.

L'honneur du pays consiste à manger du riz accordé par le Roi. Les nobles mêmes obtiennent peu de considération, lorsqu'ils ne joignent pas cet avantage à celui de la naissance. Tous les soldats en jouissent, sur-tout ceux de la garde du Roi, qui sont au nombre de six cens, divisés en six compagnies, sous le commandement de six Moscoulis. Le Roi entretient habituellement dix autres compagnies, commandées par les plus grands Seigneurs du royaume; mais qui ne le suivent qu'à la guerre, & qui sont employées à l'exécution de ses ordres. Leurs privileges sont fort distingués. Ils portent les cheveux longs. Ils ont au doigt un gros anneau pour les aider à tirer de l'arc; ce qui n'est permis qu'à eux. Outre le riz du Roi, on assigne pour leur subsistance, diverses petites îles, & certains droits sur les passages. La plupart des riches Insulaires s'efforcent d'entrer dans ces deux corps; mais cette faveur ne s'accorde que difficilement, & se paie assez cher, comme la plupart des emplois civils & militaires.

Dans les quatre ordres, il y a divers usages communs, auxquels les grands & les petits sont également attachés. Ils ne mangent jamais qu'avec leurs égaux en richesse, comme en naissance ou en dignité : & comme il n'y a point de règle bien sûre pour établir cette égalité dans chaque ordre, il arrive de-là, qu'ils mangent bien rarement ensemble. Ceux qui veulent traiter leurs amis, font préparer chez eux un service de plusieurs mets, qu'on arrange proprement sur une table ronde couverte de taffetas, & l'envoient chez celui qu'ils veulent traiter. Cette galanterie est reçue comme une grande marque d'honneur. Lorsqu'ils mangent en particulier, ils feroient fâchés d'être vus; & fe retirant dans leurs appartemens les plus intérieurs, ils abaiffent toutes les toiles & les tapifferies qui font autour d'eux. Leur table eft le plancher d'une chambre, couvert, à la vérité, d'une natte fort propre, fur laquelle ils font affis les pieds croifés. Ils ne fe fervent pas de linge; mais pour conferver leur natte, ils emploient de grandes feuilles de bananier, qui tiennent lieu de nappes & de ferviettes. Cependant leur propreté va fi loin, qu'il ne leur arrive jamais de rien répandre. La vaiffelle eft une forte de fayance qui vient de Camboye, ou de la porcelaine qu'ils tirent de la Chine, & qui est fort commune dans toutes les conditions; mais on ne leur sert jamais un plat de porcelaine ou de terre qui ne soit dans une boîte ronde d'un assez beau vernis de leurs îles, avec son couvercle de la même matière; & cette boîte, toute fermée qu'elle est, ne se présente point sans être encore couverte d'une pièce de soie de même grandeur. Les plus pauvres ont l'usage de ces boîtes, non-seulement parce qu'elles coûtent fort peu, mais beaucoup plus à cause des fourmis, dont le nombre est si considérable qu'il s'en trouve par-tout, & qu'il est difficile d'en préserver les alimens. La vaisselle d'or ou d'argent est défendue

défendue par la loi, quoique la plupart des grands Seigneurs soient assez riches pour en user. Ils se servent de cuillers pour les choses liquides, mais ils prennent tout le reste avec les doigts. Leurs repas sont fort courts, & se passent sans qu'on leur entende prononcer un seul mot. Ils ne boivent qu'une fois après s'être rassasiés. La boisson la plus commune est de l'eau ou du vin de coco tiré le même jour. L'usage du betel & de l'araca est aussi commun aux Maldives que dans le reste des Indes. Chacun en porte sa provision dans les replis de sa ceinture : on s'en présente mutuellement lorsqu'on se rencontre. Les grands & les petits ont les dents rouges à force d'en mâcher, & cette rougeur passe pour une beauté dans toute la nation. Dans leurs bains, qui sont très-fréquens, ils se nettoient les dents avec des soins particuliers, afin que la couleur du betel y prenne mieux.

LETTRE LXXVIII.

Chez les Maldivois, Madame, la médecine consiste plus dans des pratiques superstitieuses, que dans aucune méthode; cependant ils ont divers remèdes naturels, dont les Européens usent quelquefois avec succès. Pour le mal des yeux, auquel ils sont fort sujets, après avoir été long-temps au soleil, ils font cuire le foie d'un coq, & l'avalent. Pour l'opilation de la rate, maladie commune, qu'on attribue à la mauvaise qualité de l'air, & qui est accompagnée d'une enflure très-douloureuse, ils appliquent un bouton de feu sur la partie enflée, & mettent sur la plaie du coton trempé dans de l'huile. Ils ont aussi des simples & des drogues d'une vertu éprouvée, sur-tout pour les blessures. L'application s'en fait en onguent, dont ils frottent les parties affligées, sans aucun bandage. Ils guérissent la maladie vénérienne avec la décoction d'un bois qu'ils tirent de la Chine : & ce qui doit nous paroître surprenant, c'est qu'ils prétendent que cette maladie leur eſt venue de l'Europe, & l'appellent *Frangui haeſcour*, c'eſt-à-dire, *mal François ou des Francs*. Outre une eſpèce de fièvre ſi commune & ſi dangereuſe dans toutes leurs îles, qu'elle eſt connue par toute l'Inde, ſous le nom de fievre des Maldives, de dix en dix ans, il s'y répand une ſorte de petite vérole, dont la contagion les force de s'abandonner les uns les autres, & qui emporte toujours un grand nombre d'habitans. Tels ſont les préſens de la Zone Torride.

Le déréglement des mœurs ne contribue pas moins que les qualités du climat, à ruiner la ſanté de ces Inſulaires. Les hommes &

les femmes font d'une lafciveté furprenante. Malgré la févérité des loix, on n'entend parler que d'adultères, d'inceftes & de fodomie. La fimple fornication n'eft condamnée par aucune loi, & les femmes qui ne font pas mariées s'y abandonnent auffi librement que les hommes. Elles fortent rarement le jour ; toutes leurs vifites fe font la nuit avec un homme chargé de les accompagner, & qu'elles doivent avoir toujours à leur fuite. Jamais on ne frappe à la porte d'une maifon, on n'appelle pas même pour la faire ouvrir. Le grande porte eft toujours ouverte pendant la nuit ; on entre jufqu'à celle du logis, qui n'eft fermée que d'une tapifferie de toile de coton; & touffant pour unique figne, on eft entendu des habitans, qui fe préfentent auffi-tôt, & reçoivent ceux qui demandent à les voir.

Les appartemens intérieurs des palais font ornés des plus belles tapifferies de la Chine, de Bengale & de Mazulipatan. Les Maldives ont auffi leurs manufactures de tapifferies & d'étoffes; mais la plupart de coton pour l'ufage du peuple. Les lits du Roi, comme ceux de fes principaux fujets, font fufpendus en l'air par quatre cordes, à une barre de bois qui eft foutenue par deux piliers. Les couffins & les draps font de foie & de coton, fuivant l'ufage général de

MALDIVES. 175

l'Inde. On donne cette forme aux lits, parce que l'usage des Seigneurs & des personnes riches est de se faire bercer, ce qu'ils regardent comme un remède ou préservatif contre le mal de la rate, dont la plupart sont attaqués. Les gens du commun couchent sur des matelas de coton, posés sur des ais montés sur quatre piliers.

Tous les nobles qui sont dans la capitale, ont ordre de paroître chaque jour à midi, au palais du Roi, pour lui faire leur cour. Si le Prince n'est pas visible, on lui dit qu'ils sont venus pour le saluer, & qu'ils attendent ses ordres. Il leur fait faire une réponse obligeante, en leur envoyant quelquefois du betel & des fruits. Les jours qu'il veut recevoir ses sujets, on les fait entrer dans la salle d'audience : le Roi est assis sous un dais, les pieds croisés sur une natte, & tous ses courtisans viennent s'asseoir autour de lui. Lorsqu'il sort accompagné de sa garde, on soutient sur sa tête un parasol blanc, qui est aux Maldives la principale marque de la majesté royale. Le Roi a un droit exclusif sur tout ce que la mer jette au rivage, soit par le naufrage des étrangers, soit par le cours naturel des flots, qui amène au bord des îles quantité d'ambre gris & de corail ; sur-tout une grosse noix, dont nous avons déjà parlé, que les Maldivois nomment *tavareare*, & les Portugais *coco des Maldives*. Elle s'achète à grand prix. Lorsqu'un Maldivois fait fortune, on dit en proverbe, qu'il a trouvé de l'ambre gris ou du *tavareare*, pour faire entendre qu'il a découvert quelque trésor.

La monnoie des Maldives est d'argent, & ne consiste qu'en une seule espèce qui se bat dans l'île de Malé, & qui porte le nom du Roi en caractères arabesques. Ce sont des pièces qu'on nomme *larins*, de la valeur d'environ huit sols de France. Au lieu de petite monnoie, on se sert de *bolys*, petites coquilles qui sont une des richesses de ces îles. Elles ne sont guère plus grosses que le bout du petit doigt.

Leur couleur est blanche & luisante. La pêche s'en fait deux fois chaque mois, trois jours avant la nouvelle lune & trois jours après. On laisse ce soin aux femmes, qui se mettent dans l'eau jusqu'à la ceinture pour les ramasser dans le sable de la mer. Tous les ans il en sort des Maldives, la charge de trente ou quarante navires, dont la plus grande partie se transporte dans le Bengale, où l'abondance de l'or, de l'argent & des autres métaux n'empêche pas que ces petites coquilles ne servent de monnoie commune. Les Rois mêmes & les Seigneurs font bâtir exprès des lieux où ils conservent des amas de ces fragiles richesses, qu'ils regardent comme une partie de leur tréfor. On les vend en paquet de douze mille, qui valent un *larin*, & cela dans de petites corbeilles de feuilles de cocotier, revêtues en dedans de toile du même arbre. Ces paquets fe livrent comme des facs d'argent dans le commerce de l'Europe, c'eſt-à-dire, fans compter ce qu'ils contiennent.

Les autres marchandifes des Maldives font les cordages & les voiles de cocotier, l'huile & le miel du même arbre, & les cocos même dont on tranfporte chaque année la charge de plus de cent navires; le poiffon cuit & féché, les écailles d'une forte de tortue qui fe nomme *cambe*, & qui ne se trouve qu'aux environs de ces îles & des Philippines; les toiles de coton colorées; diverses étoffes de soie qu'on y apporte crues, & qu'on y met en œuvre, pour en faire des pagnes, des turbans, des mouchoirs & des robes. Enfin, l'industrie des habitans est renommée pour toutes les marchandises qui sortent de leurs îles; & cette réputation leur procure en échange, tout ce que la nature leur a refusé, du riz, des toiles de coton blanches, de la soie & du coton cru, de l'huile d'une graine odoriférante, qui leur sert à se frotter le corps; de l'araca pour le betel, du fer & de l'acier, des épiceries, de la porcelaine, de l'or même &

de

de l'argent, qui ne fortent jamais des Maldives lorſqu'une fois ils y ſont entrés, parce que les habitans n'en donnent jamais aux étrangers, & qu'ils l'emploient en ornemens pour leurs maiſons, ou en bijoux pour leurs parures & pour celles de leurs femmes.

LETTRE LXXIX.

D'Achem.

EN quittant les Maldives, Madame, nous avons fait voile vers les îles de la Sonde, & nous ſommes enfin arrivés à Sumatra. Cette île, plus grande que l'Angleterre & l'Ecoſſe, s'étend depuis la pointe d'Achem, à cinq degrés & demi de latitude du nord, jusqu'au détroit de la Sonde, vers cinq degrés & demi du sud, ce qui fait environ trois cens lieues françoises pour sa longueur. L'intérieur du pays est rempli de hautes montagnes ; mais proche la mer, la plus grande partie de l'île est basse, & ne manque ni de bons pâturages ni d'excellentes terres, pour le riz & pour les fruits des Indes. Elle est arrosée de plusieurs belles rivières. Les petites sont en si grand nombre, qu'elles rendent la terre continuellement humide, & fort marécageuse dans certains endroits; indépendamment des pluies qui commencent régulièrement au mois de Juin, & qui ne finissent que dans le cours d'Octobre. L'air est dangereux alors pour les étrangers, sur-tout dans les parties les plus proches de la ligne, telles que le pays de Tikou & de Passaman. Les Achemois même n'y demeurent pas sans crainte, sur-tout pendant les pluies. Les vents qui règnent alors sur ces côtes, s'y rompent avec de grands tourbillons & d'horribles tempêtes. Des calmes succèdent tout d'un coup, pendant lesquels l'air n'étant plus agité, & la terre continuant d'être abreuvée de pluies continuelles, le soleil attire des vapeurs très-puantes, qui causent des fièvres pestilentielles dont l'effet le plus commun est d'emporter les étrangers dans l'espace de deux ou trois jours, ou de leur laisser des enflures douloureuses & très-difficiles à guérir.

La ville d'Achem est située vers la pointe septentrionale de l'île, à une demi-lieue de la mer, sur une rivière de la grandeur de la Somme, qui y amène de petits vaisseaux, & au milieu d'une grande vallée de six lieues de large. Le commerce y est fort considérable, & on y compte huit mille maisons à deux étages, bâties sur pilotis, & couvertes de feuilles de coco. Le palais du Roi est au milieu de cette enceinte : c'est un château fort, dont l'artillerie bat toutes les rues de la ville. Imaginez une forêt de cocotiers, de bambous, d'ananas, de bananiers, au milieu de laquelle passe une assez belle rivière toute couverte de bateaux ; mettez dans cette forêt un nombre incroyable de maisons faites avec des cannes de bambous ou roseaux, & des écorces, disposées de façon qu'elles forment tantôt des rues, tantôt des quartiers séparés ; coupez ces divers quartiers de prairies & de bois ; répandez par-tout, dans cette grande forêt, autant d'hommes qu'on en voit dans nos villes qui sont les plus peuplées, vous vous formerez une juste idée d'Achem, genre de ville qui est très-agréable aux yeux d'un étranger.

On voit à Achem toute sorte de nations : chacune y a son quartier

& son église. La situation du port est admirable, le mouillage est excellent, & toute la côte fort saine. Le port est un grand bassin qui est bordé d'un côté par la terre ferme de l'île, & des autres côtés par deux ou trois îles qui laissent entr'elles des passages, l'un pour Malaca, l'autre pour le Bengale, un troisième pour Surate.

Près d'Achem, la terre est capable de produire toute sorte de grains & de fruits, mais on n'y seme que du riz, qui est la principale nourriture des habitans. Quoique les cocotiers y soient les arbres les plus communs, on y trouve, comme dans le reste de l'île, tous les arbres fruitiers des

Indes; mais peu de légumes & d'herbes potagères. Les pâturages qui font d'une beauté admirable nourriffent quantité de buffles, de bœufs & de cabris. Les chevaux y font en grand nombre, mais de petite taille. Les moutons n'y profitent point. L'abondance des poules & des canards eft extraordinaire : on les nourrit avec foin pour en vendre les œufs. Le nombre des fangliers n'y eft pas moindre : ils fe trouvent dans les pâturages, dans les campagnes, & jufques dans les haies des maifons, mais ils ne font ni fi grands ni fi furieux qu'en France: Les cerfs & les daims furpaffent les nôtres en grandeur. Les lièvres & les chevreuils font rares dans toutes les parties de l'île ; mais tout autre gibier de chasse y est fort commun. On voit beaucoup d'éléphans sauvages dans les montagnes & dans les bois ; des tigres, des rhinocéros, des buffles sauvages, des porc-épics, des civettes, des singes, des couleuvres, & de fort gros lézards. Les rivières sont assez poissonneuses, mais la plupart sont infestées de crocodilles.

Le Roi d'Achem possède la meilleure & la plus grande partie de l'île ; le reste est divisé en cinq ou six Rois, dont toutes les forces réunies n'approchent pas des siennes. La côte occidentale est bordée d'un grand nombre d'îles ; quelques-unes assez grandes, mais à dix-huit ou vingt lieues de Sumatra, d'autres plus petites, qui n'en sont qu'à trois ou quatre lieues. Les habitans de celles qui ne sont pas désertes, paroissent de la même race que les anciens originaires de la grande île, dont ils ont été chassés apparemment par les Malais. Au sud, vers le cinquième degré de latitude, est l'île d'Enganno, habitée par une espèce de sauvages très-cruels, qui sont nuds, avec une longue chevelure, & qui massacrent, sans pitié, tous les étrangers dont ils peuvent se saisir. A trois degrés & demi, on trouve une île déserte, de quatorze ou quinze lieues de longueur, que les Hollandois ont nommée l'île de Nassau. Quatre ou cinq lieues au-dessous, vers la ligne équinoxiale, est une autre île habitée, & longue de sept ou huit lieues. Elle est suivie de celle de Montabey, qui n'est qu'à un degré & demi de la ligne, & qui n'a pas moins de vingt lieues de long. Les habitans sont vêtus, & font un commerce régulier avec ceux de Tikou, quoiqu'ils n'aient pas le même langage.

Le royaume d'Achem avoit autrefois quantité de poivre; mais un de ses Rois ayant observé que le commerce faisoit négliger l'agriculture aux habitans, fit détruire la plus grande partie des poivriers. A six lieues de la capitale, vers

Sedir, s'élève une haute montagne en forme de pic, d'où l'on tire quantité de soufre. Pulo-Ouai, une des îles de la rade d'Achem, en fournit beaucoup; & c'est de ces deux sources que toute l'Inde le reçoit, pour faire de la poudre. Le territoire de Sedir est si fertile en riz, qu'on le nomme le grenier d'Achem. Il n'est pas moins favorable aux vers à soie, qui fournissent de la matière aux manufactures d'Achem, pour fabriquer diverses étoffes, dont le commerce est considérable dans toutes les parties de l'île. Les habitans de la côte de Coromandel achètent le reste de la soie crue. Elle n'est pas blanche comme celle de la Chine, ni si finie & si bien préparée; mais quoique jaune & dure, on en fait d'assez beau taffetas. De *Sacem* jusqu'à Deli, on trouve plusieurs cantons assez riches des bienfaits de la nature, pour aider ceux qui sont moins heureusement partagés. On vante beaucoup à Deli, une source d'huile *inextinguible*, c'est-à-dire, qui ne cessant point de brûler, lorsqu'une fois elle est allumée, conserve son ardeur jusqu'au milieu de la mer. Le Roi d'Achem s'en étoit servi dans un combat contre les Portugais, pour mettre le feu à deux galions, qui furent entièrement consumés. Dava est fertile en riz, & très-riche en bestiaux. Cinquel produit beaucoup de camphre, que les marchands de Surate & de la côte de Coromandel achètent à grand prix. Barros est une fort belle ville, située sur une grosse rivière, dans une campagne bien cultivée. On y fait beaucoup de benjoin, qui sert de monnoie aux habitans, & qui est célèbre aux Indes, sous le nom même de la ville dont il vient. Le plus blanc est le plus estimé. On recueille beaucoup de camphre à Barros; mais celui de Bataham, qui est en plus petite quantité, passe pour le meilleur.

Passaman, où commencent les poivriers, est située au pied d'une très-haute montagne, qu'on découvre de trente lieues en mer, lorsque le ciel est serein. Le poivre y croît parfaitement : Tikon qui est sept lieues plus loin, en offre encore plus. Priaman est bien peuplée. La situation en est plus agréable que celle de Tikon, & l'air plus sain. Les vivres y sont en plus grande abondance; mais le poivre y est moins fertile. Les habitans sont dédommagés par le commerce de l'or avec Manincabo. Padang a peu de poivre ; mais le commerce de l'or y est considérable, & sa rivière forme un port naturel, qui peut recevoir de grands vaisseaux. Les Hollandois se sont établis à Palimban.

LETTRE LXXX.

Toutes les villes, Madame, dont je vous ai parlé dans ma dernière lettre, sont fort bien peuplées jusqu'au pied des montagnes. Les terres y sont régulièrement cultivées. Entre les habitans étrangers ou naturels, il se trouve des personnes riches qui jouissent heureusement de leur fortune; mais ils ne doivent leur tranquilité qu'au bonheur de vivre loin d'Achem. La présence du Roi fait autant de malheureux qu'il y a d'habitans dans sa capitale; mais on prétend qu'ils méritent leur sort parce qu'ils sont d'une méchanceté odieuse. Cependant il faut rendre juſtice à leurs bonnes qualités. Ils ont de l'eſprit; de l'éloquence; de l'exactitude dans leur langage; une belle main pour l'écriture, dans laquelle ils s'attachent tous à ſe perfectionner; une profonde connoiſſance de l'arithmétique, ſuivant l'uſage des Arabes; du goût pour la poéſie qu'ils mettent preſque toujours en chant; une propreté dans leurs habits & dans leurs maiſons qu'ils porteroient volontiers juſqu'à la magnificence, ſi le Roi ne faiſoit tomber ſes principales vexations ſur les perſonnes riches. Les arts ſont en honneur dans la ville d'Achem. Il s'y trouve d'excellens forgerons, qui font toute ſorte d'ouvrages de fer; des charpentiers qui entendent fort bien la construction des galères; des fondeurs pour tous les ouvrages de cuivre. Ils sont extrêmement sobres. Le riz fait leur seule nourriture; les plus riches y joignent un peu de poisson & quelques herbages. Il faut être grand seigneur à Sumatra pour avoir une poule rôtie ou bouillie, qui sert pendant tout le jour. Aussi disent-ils que deux mille Chrétiens dans leur île l'auroient bientôt épuisée de bœufs & de volaille.

Les habitans de l'île de Sumatra sont tous mahométans, & feignent beaucoup de zèle pour leur religion; mais on découvre aisément leur hypocrisie, sur-tout dans l'affection qu'ils font éclater pour leur Roi, quoiqu'ils le déteftent intérieurement. Ils le redoutent au point, que craignant continuellement que leurs voifins ou les témoins de leur conduite n'attirent fur eux fa colère, par quèlque rapport malin, ils s'efforcent eux-mêmes de les prévenir par de fauffes accufations. De-là vient fans doute fa cruauté, parce que fans ceffe obfédé de délateurs, il s'imagine qu'on en veut fans ceffe à fa vie, & que tous fes fujets font autant de mortels ennemis dont il ne peut trop fe défier. Le frère accufe le frère, un père eft accufé par fon fils; & quand on leur reproche cet excès d'inhumanité, & qu'on les rappelle aux droits de la conscience, ils répondent que Dieu est loin; mais que le Roi est toujours proche.

La pluralité des femmes est établie à Sumatra, comme dans tous les pays mahométans, & les loix du mariage y sont les mêmes. Le débiteur insolvable est abandonné aux créanciers dont il est l'esclave jusqu'à son payement. On ne peut qu'admirer le respect que les Achemois ont pour la justice. Un criminel, arrêté par une femme ou par un enfant, n'ose prendre la -fuite & demeure immobile. Il se laisse conduire avec la même docilité devant le juge qui le fait punir sur-le-champ. Le châtiment ordinaire pour les fautes communes est la baſtonade. Après l'exécution chacun s'en retourne tranquillement fans qu'on puiſſe diſtinguer le coupable des accuſateurs, c'eſt-à-dire, qu'on n'entend d'une part aucune plainte, ni de l'autre aucun reproche. Un jour que j'étois au tribunal, je fus témoin de pluſieurs cauſes; entr'autres, de celle d'un homme qui avoit eu la curioſité de voir la femme de ſon voiſin par-deſſus une haie, tandis qu'elle étoit à ſe laver. Cette femme en avoit fait des plaintes à ſon mari, qui s'étant ſaiſi du coupable, l'amenoit lui-même en juſtice, où il fut condamné à recevoir ſur les épaules trente coups de ratan, eſpèce de plante chinoiſe très-menue, mais très-dure, dont on se sert comme d'un bâton. Aussitôt l'accusé fut conduit hors de la salle par l'exécuteur, qui commençoit à lever le bras. Mais entrant alors en capitulation pour éviter le supplice, il proposa six *mazes*. L'exécuteur en demanda quarante; & le voyant incertain, il lui donna un coup si rude que le marché fut bientôt conclu à vingt *mazes*. La sentence n'en fut pas moins exécutée; mais avec tant de douceur que le ratan ne faisoit que toucher aux habits. Cette capitulation s'étoit faite à la vue du juge & de ses assesseurs, qui ne s'y étoient pas opposés; & le coupable demeurant libre après l'exécution, se mêla tranquillement parmi les spectateurs pour entendre le jugement de quelqu'autre cause. J'appris de mon interprête que c'étoit l'usage commun, mais que celui qui avoit payé les vingt mazes étoit sans doute un homme riche, & que ceux qui l'étoient moins aimoient mieux subir la punition que de s'en exempter à prix d'argent. Le Roi ne laissant guère passer de jour sans quelque exécution sanglante, telle que de faire couper le nez, crever les yeux, châtrer, couper les pieds, les poings ou les oreilles, les exécuteurs demandoient aux coupables, combien ils vouloient donner pour être *châtiés proprement*, pour avoir le nez ou le poing coupé d'un seul coup, ou si la sentence étoit capitale, pour recevoir la mort sans languir. Le marché se concluoit à la vue des spectateurs, & la somme étoit payée sur-le-champ. Celui qui manquoit d'argent, ou qui le préféroit à sa sûreté, s'exposoit à se voir couper le nez si haut, que le cerveau demeuroit à découvert, à se voir hacher le pied de deux ou trois coups, à perdre une partie de la joue ou de l'oreille ; mais ce qu'il y a de singulier, c'est qu'à l'âge même de cinquante ou soixante ans, toutes ces mutilations soient rarement mortelles, quoiqu'on n'y apporte point d'autre remède que de mettre dans l'eau les parties mutilées, d'ar-

rêter le sang & de bander la plaie. Il ne reste d'ailleurs aucune tache aux coupables qui ont subi cette rigoureuse justice. Ils seroient en droit de tuer impunément ceux qui leur feroient le moindre reproche. Tout homme, disent les Achemois, est sujet à faillir, & le châtiment expie la faute. Cette maxime est très-vraie : cependant on ne sauroit approuver la fréquence de ces mutilations, sur-tout quand on sait qu'elles dépendent du caprice ou de la bizarrerie d'un seul homme ; & le bourreau qui doit être un des particuliers les plus riches du royaume, devroit bien, en conscience, partager avec le despote l'argent qu'il reçoit pour
les

les nez & les oreilles qu'il *coupe proprement.*

Le chef de la religion, qui porte le titre de Cadi dans le royaume d'Achem, juge toutes les affaires qui concernent les mœurs & le culte établi. Le Sabandar préside à celles du commerce. Quatre *Mérigues*, ou chefs de patrouille, veillent nuit & jour à la sûreté publique. Chaque Orencaie participe à l'administration dans un canton qu'il gouverne; & cette distribution d'autorité contribue beaucoup à l'entretien de l'ordre. Elle n'expose jamais celle du Roi, parce que dans la petite étendue de chaque gouvernement, les Orencaies n'ont point assez de forces pour se rendre redoutables, & qu'ils servent d'espions entr'eux pour s'observer mutuellement.

La garde royale est de trois mille hommes, qui ne sortent presque jamais des premières cours du château. Les eunuques, au nombre de cinq cens, forment une garde plus intérieure dans l'enceinte où nul homme n'a la liberté de pénétrer. C'est proprement le palais qui n'est habité que par le Roi & par ses femmes. L'Asie a peu de serails aussi bien peuplés.

Les éléphans du Roi d'Achem sont toujours au nombre de neuf cens, dont on exerce la plupart au bruit des mousquetades & à la vue du feu. Ils sont si bien instruits, qu'en entrant dans le château ils font la *fombaie*, ou le salut devant l'appartement du Roi, en pliant les genoux & levant trois fois la trompe. On rend tant d'honneur à ceux qui passent pour les plus courageux & les mieux instruits, qu'on fait porter devant eux des *quitasols* (espèce de parasol), distinction réservée d'ailleurs pour la personne du Roi. Le peuple s'arrête lorsqu'ils passent dans une rue, & quelqu'un marche devant eux avec un instrument de cuivre, dont le son avertit toute la ville, du respect qu'on leur doit. Ce respect me paroît très-bien placé; il s'en faut de beaucoup que les habitans de Sumatra vaillent leurs éléphans.

Le Roi hérite de tous ses sujets, lorsqu'ils meurent sans enfans mâles. Ceux qui ont des filles peuvent les marier pendant leur vie; mais si le père meurt avant leur établissement, elles appartiennent au Roi, qui se saisit des plus belles, & qui les entretient dans l'intérieur du palais; de-là vient la multitude extraordinaire de ses femmes.

Il tire un profit immense de la confiscation des biens, qui est le châtiment ordinaire des plus riches coupables. Il s'attribue la succession de tous les étrangers qui meurent dans ses états. Un ancien usage le met en droit de confisquer tous les navires qui font naufrage sur les terres de son obéissance; & dans la situation de ces côtes, ce malheur arrive souvent aux étrangers. Hommes & marchandises, tout est enlevé par les ordres du Monarque. On sait que la même barbarie a regné long-temps en Europe.

LETTRE LXXXI.

De Balambuam.

DE l'île de Sumatra, Madame, nous avons traversé le détroit de la Sonde, & nous sommes arrivés à celle de Java. Les Géographes placent cette dernière entre six & neuf degrés de latitude du sud. Les habitans se croient originaires de la Chine. Leurs ancêtres, disent-ils, ne pouvant supporter l'esclavage où ils étoient réduits par les Chinois, s'échappèrent en grand nombre, & vinrent peupler cette île. Si l'on s'arrêtoit à leur physionomie, l'opinion qu'ils ont d'eux-mêmes ne seroit pas sans vraisemblance. La plupart ont, comme les Chinois, le front large, les joues grandes, les yeux fort petits. On voit encore a Java un grand nombre de Chinois qui viennent s'y établir pour se dérober aux rigoureuses loix de la Chine.

Parmi les principales villes de Java, on trouve d'abord *Balambuam*, ville célèbre & revêtue de bonnes murailles. Elle a vis-à-vis d'elle l'île de Bali, dont elle n'est séparée que par un détroit d'une demi-lieue de large, qu'on nomme le détroit de Balambuam. A dix lieues au nord de cette ville, on trouve celle de *Panarucan*, où quantité de Portugais s'étoient établis, parce qu'ils y étoient amis du Roi, & que le port y est excellent. Il s'y fait un grand commerce d'esclaves, de poivre long, & de ces habits de femmes qui portent le nom de *conyorins* dans le pays. Au-dessus de Panarucan est une grande montagne ardente qui s'ouvrit pour la première fois en 1586, avec tant de violence, qu'elle couvrit la ville de cendres & de pierres, & tous les environs d'une épaisse fumée, qui obscurcit pendant trois jours la lumière du soleil. Cet horrible embrâsement fit périr dix mille Insulaires.

On trouve, six lieues plus loin, la ville de Passarman, où l'on fait un commerce de toile de coton. Dix lieues plus à l'ouest, se présente la ville de Joartam, située sur une belle rivière, avec un bon port, où relâchent les vaisseaux qui viennent des Moluques à Bantam. On y trouve toute sorte de rafraîchissemens. Guerrici est une autre ville qui est située sur le bord occidental de la même rivière. On charge dans ces deux villes quantité de sel pour Bantam.

A dix lieues au nord-nord-ouest, on trouve Tubaon ou *Tuban*, ville marchande & bien murée. C'est a plus belle ville de l'île. Son Roi se distingue par la magnificence de sa cour. Un jour je fus introduit dans son palais, où je vis ses éléphans. Chacun de ces animaux habite sous un petit toît particulier, soutenu par quatre colonnes. On me fit remarquer le plus grand & le plus beau, dont on me raconta des choses fort extraordinaires. Lorsqu'on lui commandoit de tuer quelqu'un, il exécutoit aussitôt cet ordre; & prenant le cadavre qu'il se mettoit sur le dos avec sa trompe, il alloit le jetter aux pieds du Roi. La moitié de sa trompe étoit blanche. Il étoit si bien dressé aux combats, que le Roi n'en montoit pas d'autre pendant la guerre. On lui donnoit une arme dont il se servoit aussi habilement avec sa trompe, que le soldat le plus exercé. J'en comptai douze autres tous d'une beauté extraordinaire, mais moins grands que le premier.

Le premier appartement qu'on me fit voir, contenoit le bagage du Roi, dans des caisses entassées les unes sur les autres. On porte toutes ces caisses avec le Roi, dans ses moindres voyages. De-là j'entrai dans l'appartement des coqs de joute, dont chacun occupe une cage particulière, de la forme de celles où l'on renferme les alouettes de Hollande, mais dont les bâtons ont deux doigts d'épaisseur. Il y a des Officiers commis pour en prendre soin & pour régler leurs combats. Cet usage de les tenir renfermés à la vue l'un de l'autre, les rend si vifs & si colères, qu'ils se battent avec une furie surprenante. Nous passâmes ensuite dans l'appartement des perroquets, qui me parurent beaucoup plus beaux que ceux que j'avois déjà vus, mais d'une grosseur médiocre. Les Portugais leur donnent le nom de *noiras*. Ils ont un rouge vif & lustré sous la gorge & sous l'estomac, & comme une belle plaque d'or sur le dos : le dessus des aîles est mêlé de verd & de bleu, & le dessous paroît d'un bel incarnat. Cette espèce est si recherchée dans les Indes, qu'on donne volontiers jufqu'à dix réales de huit pour un *noiras*. Les Portugais ont tenté inutilement de tranfporter quelques-uns de ces beaux oifeaux en Europe, parce qu'ils font trop délicats pour réfifter à la navigation. Les noiras font d'un agrément admirable pour leurs maîtres; ils les careffent avec une douceur & une familiarité furprenantes, mais ils mordent les étrangers avec fureur. Je vis enfuite l'appartement des chiens & des canards : la plupart de ces derniers étoient blancs ; leurs œufs font plus gros du double que ceux de nos plus belles poules. Un fatyrique s'amuferoit à faire, d'une pareille cour, une allégorie plaifante, fanté, & un mifantrope diroit qu'elle en vaut bien une autre.

Un autre jour on me conduifit dans les écuries du Prince. Chacune contient un cheval. Elles font fermées par les côtés d'un treillage de bois, & le deffous eft fait d'une forte de planches à jour, à travers lefquelles la fiente des chevaux peut paffer, pour être auffitôt emportée. Les chevaux de Java ne font pas grands, mais ils font bien faits & légers à la courfe.

Après avoir paffé les canaux qui féparent les îles du golfe de Jacatra, on arrive enfin devant Bantam, dont le port eft fans comparaifon le plus grand & le plus beau de l'île entière; auffi eft-il le centre du commerce. La ville est située dans un bas-pays, au pied d'une haute montagne, à la distance d'environ vingt-cinq lieues de Sumatra. Trois rivières qui l'arrosent, c'est-à-dire une de chaque côté, & la troisième au milieu, n'y laisseroient rien à desirer pour la facilité du commerce, si elles avoient plus de profondeur; mais la plus profonde n'a guère plus de trois pieds d'eau. Elles ne peuvent recevoir les bâtimens qui en tirent davantage. Au lieu d'arbres pour les former, on n'emploie que de gros roseaux. Bantam est à-peu-près de l'ancienne grandeur d'Amsterdam. La plupart des maisons sont environnées de ces grands arbres qui produifent les noix de coco. Elles font compofées de paille & de rofeaux, & foutenues par huit ou dix piliers de bois qui font chargés d'ornemens de fculpture. Le toît eft de feuilles de palmier. Elles font ouvertes par le bas, pour recevoir de la fraîcheur, car le froid n'eft pas connu dans l'île. Pour les fermer pendant la nuit, elles ont de grands rideaux qui fe tirent & s'attachent. Les cloifons des chambres ou des appartemens font compofées de lattes de bambou, efpèce de gros rofeau de la dureté du bois, qui eft fort commun dans l'île & dans toutes les Indes. Ainfi les habitans de Bantam fe logent à peu de frais.

Bantam a trois grandes places publiques où le marché se tient chaque jour, autant pour le commerce que pour les nécessités de la vie. Le plus grand qui est du côté oriental de la ville, & qui s'ouvre dès la pointe du jour, est le rendez-vous d'une infinité de marchands Portugais, Arabes, Turcs, Chinois, Pégouans, Malais, Bengalois, Guzarates, Malabares, Abissins, & de toutes les régions des Indes. Cette assemblée dure jusqu'à neuf heures du matin. C'est dans la même place qu'on voit la grande mosquée de Bantam, environnée d'une palissade : on trouve en chemin quantité de femmes assises avec des sacs & une mesure nommée *gantan*, qui contient environ trois livres de poivre, pour attendre les paysans qui apportent leur poivre au marché. Elles sont fort'entendues dans ce commerce ; mais les Chinois encore plus fins, vont au-devant des paysans, & s'efforcent d'acheter en gros toute leur charge. On trouve d'autres femmes dans l'enceinte de la palissade, qui vendent du betel, de l'areca, des melons d'eau, des bananes ; & plus loin d'autres encore, qui vendent des pâtisseries chaudes. D'un côté de la place, on vend diverses espèces d'armes, telles que des pierriers de fonte, des poignards, des pointes de javelots, des couteaux & d'autres instrumens de fer. Ce sont des hommes qui se mêlent exclusivement de ce commerce. Ensuite on trouve le lieu où se vend le sandal blanc & jaune; & successivement, dans les lieux séparés, du sucre, du miel & des confitures; des fèves noires, rouges, jaunes, grises, vertes; de l'ail & des oigons. Devant ce marché, se promènent ceux qui ont des toiles & d'autres marchandises à vendre en gros. Là sont aussi ceux qui assurent les vaisseaux & d'autres entreprises de commerce. A droite du même lieu, est le marché aux poules, où se vendent en même-temps les cabris, les canards, les pigeons, les perroquets & quantité d'autres volailles. Ici le chemin se divise en trois, dont l'un conduit aux boutiques des Chinois, l'autre au marché aux herbes, & le troisième à la boucherie. Dans le premier, on trouve à main droite les jouailliers, la plupart Coracons ou Arabes, qui présentent aux passans des rubis, des hyacinthes & d'autres pierreries; & à main gauche des Bengalois, qui étalent toute sorte d'émaux & de merceries. Plus loin on arrive aux boutiques des Chinois, qui offrent des soies de toute sorte de couleurs, des étoffes précieuses, telles que des damas, des velours, des satins, des draps d'or, du fil d'or, des porcelaines, & mille sortes de bijoux, dont il y a deux rues entières garnies des deux côtés. Par le second chemin, on trouve d'abord à droite des boutiques d'émaux, & à gauche le marché au linge pour les hommes. Ensuite est le marché au linge pour les femmes, dans l'enceinte duquel il est défendu aux hommes d'entrer, sous peine d'une grosse amende. Un peu plus loin, on arrive au marché aux herbes & aux fruits, qui s'étend jusqu'au bout des places; & en retournant, on trouve la poissonnerie. Un peu au-delà, la boucherie à main gauche, où l'on vend sur-tout beaucoup de grosses viandes, telles que du bœuf ou du buffle. Plus loin encore, est le marché aux épiceries & aux drogues, où les boutiques ne sont tenues que par des femmes. Enfuite on trouve, à main droite, le marché au riz, à la poterie & au fel; & à gauche le marché à l'huile & aux noix de coco, d'où l'on revient par le premier chemin à la grande place où les marchands s'affemblent, & qui leur fert de bourfe.

Ce tableau complet d'une ville commerçante, pourroit fervir de modèle à plus d'une capitale où notre police Européenne, fi admirable en quelques parties, & fi imparfaite dans d'autres, laiffe encore tant de défordre & de malpropreté.

La religion, dans l'île de Java, n'eft point uniforme. Les habitans du centre de l'île, & de ce que les

Hollandois nomment les hauts pays, font véritablement payens, & fort attachés à l'opinion de la métempsycose. Cette opinion leur fait respecter les animaux jusqu'à les élever avec soin dans la seule vue de prolonger leur vie. C'est un crime parmi eux de les tuer, & sur-tout de les faire servir de nourriture. Il se trouve aussi quelques payens le long de la mer, particulièrement sur la côte occidentale, qui est la plus connue; mais en général, la plupart des Javanois sont mahométans. Ils tirent de la Mecque & de Médine la plus grande partie de leurs docteurs. Aussi les superstitions & les pratiques de cette croyance y sont-elles encore dans toute leur force.

LETTRE LXXXII.

LA polygamie règne dans ce pays-ci, Madame, & l'on ne doit pas en être surpris; car, outre là loi de Mahomet, les Javanois ont une autre raison de ne pas se borner à une seule femme; c'est que dans l'île & à Bantam en particulier, on en trouve dix pour un homme. Outre leurs femmes légitimes, ils prennent librement des concubines qui sont, en quelque sorte, les servantes des premières, & qui font partie de leur cortège lorsqu'elles sortent de leurs maisons. Il faut même qu'une concubine ait la permission des femmes légitimes pour coucher avec son maître ; mais il est établi en même-temps, qu'elles ne peuvent la refuser sans porter atteinte à leur honneur. Les enfans des concubines ne peuvent être vendus, quoique leurs mères soient esclaves : ils sont nés pour les femmes légitimes comme Ismael l'étoit pour Sara ; mais souvent ces marâtres s'en délivrent par le poison.

Les enfans vont nuds à la réserve des parties naturelles, qu'ils couvrent d'un petit écusson d'or ou d'argent. Les filles y joignent des bracelets. Lorsqu'elles ont atteint l'âge de treize ou quatorze ans, époque à laquelle l'usage les oblige de se vêtir ; si leurs parens veulent les sauver du libertinage, il faut qu'ils se dépêchent de les marier. Le desir de leur assurer leur succession est encore une raison qui les porte à marier leurs enfans quoique très-jeunes ; car, c'est un droit établi à Bantam, qu'à la mort d'un homme, le Roi se saisit de sa femme, de ses enfans & de son bien. Ainsi pour dérober leurs enfans à la rigueur de la loi, les pères s'empressent de les marier quelquefois dès l'âge de huit ou dix ans.

La dot des femmes, du moins entre gens de qualité, consiste en une somme d'argent & un certain nombre d'esclaves. Les femmes de qualité sont gardées si étroitement, que leurs fils même n'ont pas la liberté d'entrer dans leurs chambres. Elles sortent rarement, & tous les hommes que le hasard leur fait rencontrer, sans en excepter le Roi, sont obligés de se retirer à l'écart. Le plus grand seigneur ne peut leur parler sans la permission du mari. Elles ont toute la nuit du betel auprès d'elles pour en mâcher continuellement, & une esclave qui leur gratte la peau.

Les Magistrats de Bantam s'assemblent le soir au Palais pour rendre la justice à ceux qui la demandent. L'entrée est ouverte à tout le monde : point d'Avocats ni de Procureurs. Les procès sont bientôt ugés & les sentences promptement exécutées. On attache à un poteau les criminels condamnés à mort, & l'unique supplice est de les poignarder dans cette situation. Les étrangers qui ont commis quelque meurtre peuvent se racheter pour une somme d'argent qu'ils payent au maître ou à la famille du mort; loi de pure politique dont le but est de favoriser le commerce.

C'est pendant la nuit & à la clarté de la lune, qu'on traite les affaires d'état & qu'on prend les plus importantes résolutions. Le Conseil s'assemble sous un arbre fort épais. Il doit être au moins de cinq cens personnes lorsqu'il est question d'imposer quelques nouveaux droits ou de faire quelque levée de deniers fur la ville. Les Confeillers donnent audience & reçoivent les impofitions qui regardent le bien public. S'il eft queftion de guerre, on appelle au Confeil les principaux Officiers militaires, qui font au nombre de trois cens. Je ne dois pas omettre un ufage fort fingulier; fi le feu prend à quelques maifons, les femmes font obligées de l'éteindre fans le fecours des hommes: ceux-ci fe tiennent feulement fous les armes, pour empêcher qu'on ne les vole.

Lorfqu'un des principaux Seigneurs, qui font diftingués par le nom de Capitaines, fe rend à la Cour avec fon train, il fait porter devant lui une ou deux javelines,

& une épée dont le fourreau est rouge ou noir. A cette marque, le peuple de l'un & de l'autre sexe s'arrête dans les rues, se retire à côté des maisons, & se met à genoux pour attendre que le Seigneur soit passé.

Tous les habitans de quelque distinction marchent dans la ville avec beaucoup de faste. Ils sont suivis de leurs domestiques, dont l'un porte une boîte de betel, l'autre un pot de chambre, & d'autres un parasol qu'ils tiennent sur la tête de leur maître. Ils vont pieds nuds; ce seroit une infamie dans ces occasions de marcher chaussés, quoique dans l'intérieur des maisons ils aient des sandales de cuir rouge, qui viennent de la Chine, de Malaca & d'Achem. Le maître porte dans ses mains un mouchoir broché d'or, & sur la tête un turban de Bengale, dont la toile est très-fine. Quelques-uns ont sur les épaules un petit manteau de velours ou de drap. Leur poignard pend à la ceinture, par derrière ou par devant, & cette arme qu'ils regardent comme leur principale défense, ne les quitte jamais.

Les insulaires de Java sont naturellement infidèles, malins & d'un caractère atroce. Le meurtre les effraie peu dans leurs querelles, & le sort commun de celui qui succombe est de périr de la main de son adversaire. Mais la certitude du châtiment produit un effet fort étrange. Celui qui a tué son ennemi dans un combat, s'abandonne à toute sa fureur, & sans épargner même les enfans, perce à droite & à gauche tout ce qui se trouve sur son passage, jusqu'à ce que le peuple attroupé le saisisse & le livre à la justice.

Il arrive rarement qu'on l'arrête en vie, parce que dans la crainte d'être poignardés, ceux qui le poursuivent se hâtent de le percer de coups. De toutes les nations connues, c'est la plus adroite aux larcins. Les Javanois sont si vindicatifs, qu'étant blessés par leurs ennemis, ils ne craignent pas de s'enferrer dans leur armes, pour le seul plaisir de les frapper à leur tour, & de se venger en périssant.

Ils portent ordinairement les cheveux & les ongles fort longs, mais leurs dents sont limées. Ils ont le teint aussi brun que les Brésiliens. La plupart sont grands, robustes, & bien proportionnés.

Malgré leur naturel féroce, leur soumission est admirable pour ceux qui les gouvernent, & pour tout ce qui porte le caractère d'une juste autorité. La certitude de la mort n'est pas capable de refroidir leur obéissance. Avec toutes ces qualités, ils sont nécessairement bons soldats, & d'une intrépidité qui ne connoît aucun danger; mais ils ne savent ni manier le canon ni se servir d'un fusil. Leurs armes sont de longues javelines, des poignards qu'ils nomment *crics* ou *cris*, des sabres & des coutelas. Leurs boucliers sont de bois ou de cuir étendu autour d'un cercle. Ils ont aussi des cottes d'armes, composées de plusieurs plaques de fer qu'ils joignent avec des anneaux. Leurs poignards sont bien trempés, & le fer en est si uni, qu'il paroît émaillé. Ils les portent ordinairement à leur ceinture. Le Roi en donne un à chaque enfant dès l'âge de cinq ou six ans, avec le droit de le porter.

La milice ne reçoit point de solde; mais pendant la guerre on lui donne des habits, des armes, & la nourriture, qui est du riz & du poisson.

La plupart des soldats sont attachés aux seigneurs & aux personnes riches, qui les logent & les nourrissent. C'est dans le nombre de ces esclaves qu'on fait consister la puissance & la plus grande distinction des seigneurs de Java. Ils apportent beaucoup de soin à nettoyer leurs armes, qui sont presque toujours teintes de quelque poison subtil, & aussi tranchantes que nos razoirs. Ils les ont nuit & jour auprès d'eux : s'ils dorment, ils les placent sous leur tête. Craignant sans cesse ou méditant la trahison, ils ne peuvent être rassurés ni par les liens du sang ni par ceux de l'amitié. Un frère ne reçoit pas son frère dans sa maison sans avoir son poignard prêt, & trois ou quatre javelines à portée de ses mains. On voit même quelques pierriers dans leurs avant-cours, quoiqu'ils aient rarement de la poudre pour les charger. Ils ont aussi l'usage de certains tuyaux, qui leur servent à souffler de petites flèches d'os de poisson, dont la pointe est empoisonnée, & affoiblie par quelques entailles, afin que venant à se rompre plus facilement, elle demeure dans le corps & y répande son infection. En effet, les plaies s'enflamment de manière qu'elles sont presque toujours mortelles.

La dissimulation, la ruse & l'infidélité sont des vices communs à tous les marchands de Bantam.

Ils falsifient particulièrement le poivre, en y mêlant du sable & de petites pierres qui en augmentent le poids. Cependant leur commerce est florissant, non-seulement dans leur pays & dans les villes voisines, mais jusqu'à la Chine, & dans la plus grande partie des Indes. On leur apporte du riz de *Macassar* & de Sombaia. Il leur vient des noix de coco de Balambuan. Joartam, Gerrici, Pati, Juama & d'autres lieux leur envoient du sel : ce sel, ils le transportent eux-mêmes dans l'île de Sumatra, où ils l'échangent pour du laque, du benjoin, du coton, de l'écaille de tortue, & d'autres marchandises. Le sucre, le miel & la cire ciré leur viennent de Jacatra, de Jupara, de Cravaon, de *Timor* & de Palimban; le poisson sec, de Cravaon & de Bandermachen; le fer, de *Crimata*, dans l'île de Bornéo; la résine, de *Banica*, ville capitale d'une île de même nom; l'étain & le plomb, de *Para* & *Gaselan*, villes de la côte de Malaca; le coton & diverses sortes d'étoffes ou d'habits, de Bali & de Combaie.

Les Javanois écrivent sur des feuilles d'arbre, avec un pinçon de fer: ensuite on roule les feuilles, ou s'il est question d'en faire un livre, on les met entre deux planches qui se relient fort proprement avec de petites cordes. On écrit aussi sur du papier de la Chine, qui est très-fin & de diverses couleurs. L'art d'imprimer n'est pas connu des Insulaires, mais ils écrivent fort bien de la main. Leurs lettres sont au nombre de vingt, & par leur moyen ils peuvent tout exprimer. Ils les ont empruntées des Malais, dont ils parlent aussi la langue. Elle est facile & d'un usage commun dans toutes les Indes : mais ils ont des écoles pour l'arabe, dont l'étude fait une partie de leur éducation.

LETTRE LXXXIII.

Parmi les animaux qui semblent particuliers à cette île, on remarque, Madame, deux espèces de poules que les Hollandois ont nommées *demi-poules d'indes*, parce qu'elles en ont à-peu-près la forme, sans être tout-à-fait de la même grandeur. Les Anglois leur ont donné le nom de bantams. C'est l'animal le plus colère qu'il y ait au monde. Aussi ne les élève-t-on que pour le plaisir de les faire battre ; & ces combats sont si furieux, qu'ils ne finissent ordinairement que par la mort de la poule vaincue. La seconde espèce est une sorte de poules, dont le plumage, la chair & les os sont absolument noirs, mais elles n'en sont pas moins un très-bon aliment.

L'île de Java produit un fruit excellent, qui se nomme *mangas*. Il croît sur un arbre, appelé *manglier*. Cet arbre ressemble beaucoup au noyer; mais il a peu de feuilles quoiqu'il ait beaucoup de branches. Le fruit est de la grosseur d'un gros œuf d'oie; sa forme est oblongue, & sa couleur d'un verd jaune, qui tire quelquefois sur le rouge. Il contient un gros noyau dans lequel est une amande assez longue : cette amande est amère lorsqu'on la mange crue; mais rôtie sur les charbons, elle devient plus douce, & sa vertu est extrêmement vantée contre les vers & le flux de sang. Les *mangas* mûrissent au mois d'Octobre, de Novembre & de Décembre. Leur goût surpasse celui des meilleures pêches. On les confit verds, avec de l'ail & du gingembre, & on s'en sert au lieu d'olives, quoique leur goût soit plutôt aigre qu'amer. Il y a une autre espèce de *mangas*, que les Portugais ont nommé *mangas-bravas*, & qui sont un poison très-subtil. Il cause la mort à l'instant, & l'on n'a pas encore trouvé de remède qui en puisse arrêter l'effet. Ce funeste fruit est d'un verd clair, & plein d'un jus blanc. Il a peu de poulpe. Son noyau est couvert d'une écorce fort dure, & sa grosseur est à-peu-près celle du coing.

Les ananas de Java passent pour les meilleurs des Indes. La plante du poivre de Java s'attache & croît le long de certains gros roseaux, que les habitans de l'île nomment *macabus*, & que nous appellons bambou. C'est au-dedans de ces roseaux qu'on prétend que se trouve le tabaxir, nommé par les Portugais, *sacar* ou *sucre de manbu*. Ce qu'il y a d'étrange, c'est que les manbus de Java n'ont pas de tabaxir, quoiqu'il s'en trouve dans ceux qui croissent sur toute la côte de Malabar, & sur-tout à Coromandel, Bisnagar & Malaca. Ce sucre, qui n'est qu'une sorte de jus blanc semblable à du lait caillé, est néanmoins si estimé des Arabes & des Perses, qu'ils l'achètent au poids de l'argent.

Le fruit que les Malais appellent *duriaon*, & que les Portugais ont voulu faire passer pour une production particulière de Malaca & des lieux voisins, est plus parfait dans l'île de Java que dans aucun autre lieu. L'arbre qui le porte se nomme *batan*. Il est aussi grand que les plus grands pommiers. Le fruit est de la blancheur du lait, de la grosseur d'un œuf de poule, & d'un goût qui surpasse en bonté la gelée de riz, de blanc de chapon & d'eau rose, qu'on nomme en Espagne *mangaz-blanco* ou blanc-manger. C'est un des meilleurs, des plus sains, & des plus agréables fruits des Indes. On parle avec admiration de l'inimitié qui règne entre le duriaon & le betel. Qu'on mette une feuille de betel dans un magasin rempli de duriaons, ils se pourriront presque aussitôt. D'ailleurs, si l'on a mangé de ces fruits avec assez d'excès pour en être incommodé, une feuille de betel qu'on se met sur le creux de l'estomac, dissipe immédiatement l'indigestion; & l'on ne craint jamais d'en manger trop lorsqu'on a sur soi quelques feuilles de betel.

L'arbre qui se nomme *lantor*, est aussi d'une beauté extraordinaire dans l'île de Java. Ses feuilles sont de la longueur d'un homme. Elles font si unies, qu'on peut écrire dessus avec un crayon ou un poinçon : aussi les habitans s'en servent-ils au lieu de papier, & leurs livres en sont composés. Ils ont néanmoins une autre sorte de papier, faite d'écorce d'arbre, mais on ne l'emploie qu'à faire des enveloppes.

Le culube, le mangostan & le jaca n'ont point de propriété plus remarquable que celle d'exciter au plaisir ; & c'est l'effet d'un grand nombre de productions de ces climats, où l'homme esclave & avili, semble n'avoir de consolation que la volupté.

Il croît dans l'île de Java de gros melons d'eau fort verds, &

d'un agrément particulier dans le goût. Le *benjoin* est encore une des productions les plus estimées. C'est une forte de gomme qui ressemble à l'encens ou à la mirrhe, mais qui est beaucoup plus précieuse par ses usages dans la médecine & dans les parfums. Elle découle par incision, du tronc d'un grand arbre fort touffu, dont les feuilles diffèrent peu de celles des limoniers. Les plus jeunes produisent le meilleur benjoin, qui est noirâtre & d'une très-bonne odeur. Le blanc, qui vient des vieux arbres, n'approche pas de la bonté du premier ; mais pour tout vendre, on les mêle ensemble. Cette gomme est nommée par les Maures, *louah* jovy, c'est-à-dire, encens de Java. C'est une des marchandises les plus précieuses de l'Orient. On trouve du bois de sandal rouge à Java, mais il est moins estimé que le jaune & le blanc qui viennent des îles de *Timor* & de *Solor*.

Le fruit qui s'appelle *anacordium*, ou fruit du cœur, à cause de sa ressemblance avec le cœur humain, croît aussi dans les îles de la Sonde, & particulièrement à Java. Les Portugais le nomment *fava de malaca*, parce qu'il ressemble aussi à la fève, quoiqu'il soit un peu plus gros. Les Indiens en prennent avec du lait pour l'asthme & pour les vers : mais préparé comme les olives, il se mange fort bien en falade. Sa fubſtance eſt épaiſſe comme le miel, & auſſi rouge que du ſang.

C'eſt dans l'île de Java & dans l'île de la Sonde que croît la racine que les Portugais nomment *par de cobra*, les Hollandois *bois de ſerpent*, & les François, *ſerpentaire* ou *ſerpentine*. Elle eſt d'un blanc qui tire un peu ſur le jaune, amère & fort dure. Les Indiens la broient avec de l'eau & du vin, pour s'en ſervir dans les fièvres chaudes & contre les morſures des ſerpens. Elle a été connue par le moyen d'un petit animal nommé *quil* ou *quirpel*, qui eſt de la grandeur & de la forme du furet, & qu'on entretient dans les maiſons des Indes,

Indes, pour prendre les rats & les souris. Ces petits animaux portent une haine naturelle aux serpens ; & comme il arrive souvent qu'ils en sont mordus, ils ont recours à cette racine, dont l'effet est toujours certain pour leur guérison. Depuis cette découverte il s'en fait un grand commerce aux Indes.

En voilà bien assez sur les productions de cette île : on feroit un dictionnaire d'histoire naturelle, si l'on vouloit détailler tous les végétaux de ces contrées orientales. Presque tous ont des propriétés bienfaisantes qui servent à combattre les influences pernicieuses d'un climat brûlant.

Je ne finirai point cette lettre,

Madame, sans vous rapporter un réglement remarquable par sa sagesse, qui se trouve à la tête des statuts rédigés pour les comptoirs hollandois de Bantam, & qui auroit dû servir de loi dans tous les établissemens de cette espèce : « Personne n'entreprendra de parler » de controverse, ni de disputer » de religion, sous peine de con- » fiscation d'un mois de gages ; & » si de telles disputes donnoient » naissance à des haines & à des » querelles, ceux qui les auroient » commencées seront punis arbi- » trairement.

Fin du huitième Volume des Voyages.

TABLE

Pour les tomes septième & huitième des Voyages.

TOME VII.

Continuation de SIAM.

LETTRE LII. *Course dans les Provinces; histoire naturelle*, page 1

LETTRE LIII. *Langue, éducation, sciences & arts,* 27

LETTRE LIV. *Spectacles & divertissemens,* 53

LETTRE LV. *Repas, meubles & visites,* 74

LETTRE LVI. *Physionomie, caractère, nations étrangères établies à Siam.* 90

LAOS.

LETTRE LVII. *Description abrégée du Royaume de Laos,* page 104

AVA.

LETTRE LVIII. *Départ de Martavan pour Suryam, & description de Suryam,* 119

LETTRE LIX. *Description de Pégou, mœurs des Pégouans,* 133

LETTRE LX. *Description d'Ava. Palais du Roi, gouvernement; loix criminelles,* 148

LETTRE LXI. *Religion, fêtes,* 161

LETTRE LXII. *Sciences, arts, mines de rubis,* 183

ARRAKAN.

Lettre LXIII. *Sortie des états d'Ava, entrée dans le Royaume d'Arrakan, description d'Oriétan & d'Arrakan,* page 196

Lettre LXIV. *Gouvernement,* 211

Lettre LXV. *Religion,* 219

Lettre LXVI. *Climat, commerce, mœurs & usages,* 232

AZEM.

Lettre LXVII. *Description abrégée du Royaume d'Azem,* 252

TOME VIII.

CEYLAN.

Lettre LXVIII. *Détails historiques, & description de l'île de Ceylan,* 1

Lettre LXIX. *Phénomènes particuliers à l'île de Ceylan*, 16

Lettre LXX. *Différence qu'on observe entre les Beddas & les Chingulais*, 23

Lettre LXXI. *Mœurs, usages & coutumes des Chingulais*, 44

Lettre LXXII. *Gouvernement, milice, religion & sciences*, 62

Lettre LXXIII. *Productions de l'île de Ceylan*, 82

Lettre LXXIV. *Continuation du même sujet*, 103

Iles Maldives.

Lettre LXXV. *Idée générale des îles Maldives*, 128

Lettre LXXVI. *Mœurs, usages, habillemens, &c.* 145

Lettre LXXVII. *Gouvernement, jurisprudence, repas, &c.* 155

LETTRE LXXVIII. *Médecine, maladies, monnoies, &c.* 170

SUMATRA.

LETTRE LXXIX. *Description abrégée de l'île de Sumatra,* 181

LETTRE LXXX. *Mœurs, usages, jurisprudence, &c.* 195

ILE DE JAVA.

LETTRE LXXXI. *Détails historiques & géographiques : ménagerie du Roi de Tuban : description de Bantam,* 209

LETTRE LXXXII. *Mœurs & usages,* 227

LETTRE LXXXIII. *Productions de l'île de Java,* 243

Fin de la Table.

www.ingramcontent.com/pod-product-compliance
Lightning Source LLC
Chambersburg PA
CBHW070618170426
43200CB00010B/1839